JORDANIS

GOTENGESCHICHTE

nebst
Auszügen aus seiner
Römischen Geschichte

Übersetzt von
Dr. Wilhelm Martens

Herausgegeben
von Alexander Heine

PHAIDON

2. verbesserte Auflage

Konzeption: SVS, Stuttgart
Einbandgestaltung: Aab Graphic Design, Stuttgart
Satz: Typobauer Filmsatz GmbH, Ostfildern 3
Druck und Bindung: Franz Spiegel Buch GmbH, Ulm
ISBN 3-88851-076-6

Einleitung

Es ist kein Geschichtschreiber ersten Ranges, dessen Bekanntschaft der Leser auf den folgenden Blättern machen wird. Aber wie traurig würde es mit unserer ohnehin mangelhaften Kenntnis der Geschichte der Völkerwanderung stehen, wenn, wie so vieles andere, auch die Gotengeschichte des Jordanis verloren gegangen wäre.

Über seine Person haben wir weiter keine Kunde als die, welche er gelegentlich selbst in seinen Schriften über sich gibt. Hat man sich doch noch bis vor wenigen Jahrzehnten darum gestritten, welche Namensform die richtige sei, ob Jordanis oder Jornandes. Die letztere hat kein Geringerer als Jakob Grimm (und nach ihm Dietrich 1862 Über die Aussprache des Gotischen) in einer besonderen Abhandlung (Über Jornandes. Abhandlungen der Akademie der Wissenschaften in Berlin 1846. Wieder abgedruckt in J. Grimms kleinen Schriften Bd. III.) warm in Schutz genommen; die Möglichkeit, sie aus der gotischen Sprache zu deuten (Zusammensetzung aus ibrs = Eber und nanths = kühn, also zusammen Eberkühn), war nicht der letzte Grund, weshalb er das semitisch klingende Jordanis verwarf. Aber die einstimmige Autorität der besten und ältesten Handschriften sowie das Zeugnis des Geographus Ravennas hat endgültig für die Form entschieden, die auf unserm Titel steht.

Was im übrigen als sicher gelten kann, ist in Kürze

folgendes. Er war der Sohn des Alanoviiamuthis, der Enkel des Paria, der bei Kandak, welcher einst Skiren, Sadagarier und Alanen nach Mösien geführt hatte, Notar gewesen war. An seiner eigenen Angabe, daß er ein Gote sei, zu zweifeln, ist kein Grund vorhanden. Er gehörte wohl, wie Mommsen vermutet, zu den Nachkommen jener Skiren, Sadagarier und Alanen, die, wenn auch vielleicht andern Stammes als die Goten, doch in ihrem neuen Wohnsitz gotische Namen und gotische Sitten angenommen hatten und nicht mit Theoderich nach Italien gezogen waren; daher kann denn auch Jordanis allenfalls für einen Alanen gelten. Seine Lebenszeit fällt um die Mitte des 6. Jahrhunderts.

Wie er selbst bezeugt, war er vor seiner conversio (= Bekehrung) Notar bei Gunthiges oder Baza, einem Schwestersohn Kandaks, einem Sprößling des Amalergeschlechtes, also in einer ziemlich hohen Lebensstellung. Was aus ihm nach seiner conversio geworden ist, ist strittig. Nach Mommsen nämlich wurde Jordanis nach Niederlegung des Notariats Mönch und lebte auch fernerhin in den früher bezeichneten Gegenden. Mehr Anspruch auf Wahrscheinlichkeit hat die andere Ansicht, wonach Jordanis durch seine conversio nicht zum Mönch, sondern zum Geistlichen geworden ist (Cassel, Bessell, Schirren, Wattenbach, v. Gutschmid, und namentlich B. Simson und Manitius) und zusammenfällt mit dem Bischof Jordanis von Kroton, der 551 mit Papst Vigilius sich in Konstantinopel befand.

Indem Mommsen von der unerwiesenen Voraussetzung ausgeht, daß conversio bloß zur Bezeichnung des Eintritts in ein Kloster gebraucht werde, schließt er mit Ebert Geschichte der christlichen Literatur 561 weiter, daß mit dem Adressaten der Dedikation der Römischen Geschichte Vigilius nicht der Papst dieses Namens gemeint sein könne; denn es sei unberechtigt anzunehmen, daß ein simpler Mönch mit einem Papst in dem Ton rede, wie dies Jordanis in der genannten Widmung gegenüber seinem ‚Bruder' Vigilius tut. Umgekehrt folgern die andern (Wattenbach, Bessell u.a.): da Jordanis mit einem Geistlichen namens Vigilius verkehrte und da ein solcher als Zeitgenosse in der Person des Papstes Vigilius nachgewiesen ist, so liegt kein Grund vor zu bezweifeln, daß dieser derselbe sei wie der von Jordanis angeredete. Daraus geht dann aus demselben Grund, den Mommsen für seine Behauptung anführt, ferner hervor, daß unser Geschichtschreiber eben kein einfacher Mönch, sondern als ‚Bruder' eines Papstes in einer höhern Stellung, in der eines Bischofs etwa – ob von Kroton oder einem andern Ort, tut hier nichts zur Sache – gewesen sei. Die Mahnung, welche Jordanis am Schluß seiner Widmung an Vigilius richtet, ‚quatinus diversarum gentium calamitate comperta ab omni erumna liberum te fieri cupias et ad deum convertas' enthält nach meiner Ansicht keineswegs den Sinn, welchen Mommsen und Ebert dahinter suchen, daß nämlich Vigilius sich bekehren und auch Mönch werden solle; ich kann mir ganz gut denken, daß ein Geistlicher dem andern schreibt, er möge, nachdem er die Mühsale der Welt in einer Erzählung der Weltbegebenheiten kennen gelernt habe, daraus von neuem die Lehre ziehen, frei von allen weltlichen Anfechtungen sich Gott allein zuzuwenden. Die Erklärung dieser Stelle durch Mommsen ist schon deshalb unmöglich, weil, wenn man mit ihm annimmt, daß Jordanis Mönch gewesen ist, man aus der Anrede ‚Bruder', die er an Vigilius richtet, weiter folgern müßte, daß auch Vigilius bereits Mönch gewesen sei, also nicht erst von seinem Freund aufgefordert werden konnte, es zu werden.

Die Ansicht über die Stellung des Jordanis nach seiner conversio ist zugleich maßgebend für die Ansicht über den Ort der Abfassung seiner Bücher. Mommsen bezeichnet als solchen die Heimat des Schriftstellers, Mösien (Tomi oder Marcianopel) und stützt sich dabei auf die Tatsache, daß derselbe von dieser Gegend eine eingehende geographische Kenntnis entfaltet, während er sonst in geographischen Dingen als ein Stümper bezeichnet werden muß. Indes wenn jemand seine Heimat gut kennt, folgt wahrhaftig nicht daraus, daß er nie über diese hinausgekommen ist; auch Mommsen muß zugestehen, daß Jordanis eine eingehende Lokalkenntnis von einigen Gegenden Italiens besitzt die doch kaum anders zu erklären sein dürfte als daraus, daß er sie persönlich kennen gelernt hat. Dem gegenüber spricht eine ganze Reihe von Gründen dafür, daß Jordanis seine beiden Bücher in Konstantinopel verfaßt hat, wo er nach der von uns angenommenen Hypothese in dieser Zeit mit dem Papst Vigilius zusammen im Exil lebte. Die Abfassung der Gotischen Geschichte in der Hauptstadt des Oströmischen Reiches würde weit besser, als die von Mommsen angeführten Motive es vermögen, die Parteilichkeit des Schriftstellers in der Darstellung des Krieges zwischen Ostgoten und Oströmern für die letztern und seine ungemessene Verehrung für das Kaiserhaus der Anicier erklären.

Wann er gestorben ist, wissen wir ebensowenig wie das Datum seiner Geburt.

Die Titel der beiden Werke, welche von ihm auf unsere Zeit gekommen sind, lauten: „Über den Lauf der Zeiten oder über den Ursprung und die Taten des Römervolkes" (De summa temporum vel origine actibusque gentis Romanorum) und „Über den Ursprung und die Taten der Geten" (De origine actibusque Getarum). Mag der Ort, wo sie geschrieben worden sind, ein Gegenstand des Streites der Meinungen sein, so steht dagegen die Zeit der Abfassung durch das eigene Zeugnis des Schriftstellers verbürgt fest. Sie fällt in das Jahr 551; und zwar schrieb Jordanis zuerst an der Römischen Geschichte, legte sie dann beiseite und nahm auf den Wunsch seines Freundes Kastalius die Geschichte der Goten in Angriff, und erst nachdem er diese vollendet hatte, führte er auch die erstere zu Ende.

In der Römischen Geschichte beginnt er mit der Weltschöpfung, durchläuft die Geschichte der alten orientalischen Völker und der Griechen und macht schließlich die Geschichte der Römer zum Mittelpunkt der Erzählung, welche er bis auf die Zeiten Justinians (551 und mit Zusatz bis zum Jahr 552) herabführt. Dieses Buch, das größtenteils aus Florus, Rufius Festus, Hieronymus, Orosius, Eutropius und Marzellinus Komes ausgezogen ist, ist für uns mit Ausnahme weniger Stücke aus der letzten Partie, welche in der vorliegenden Übersetzung anhangsweise dem Leser geboten werden, wertlos, da die Originale erhalten sind, aus denen Jordanis geschöpft hat.

Dagegen kann für die Geschichtsforschung die Erhaltung der Gotengeschichte kaum hoch genug angeschlagen werden, nicht als ob darin Jordanis eigene Forschungen darböte – wiewohl manches auch sicher durch ihn allein der Nachwelt überliefert worden ist –, sondern weil die meisten und namentlich weil die bedeutendsten der Vorlagen, welche er benutzte, ich meine die Schriften des

Ablabius und des Cassiodorus über die Goten, vollständig verloren gegangen sind und er allein den Inhalt derselben im Auszug gerettet hat.

In seiner Widmung an einen weiter nicht bekannten Freund Castalius gesteht er selber, daß seine Gotengeschichte nichts ist als eine Kompilation, welche er während der Abfassung seines andern Buches in kurzer Zeit ausarbeitete. Die Grundlage bildete dabei für ihn das großartige, viel umfangreichere Werk des berühmtesten Staatsmannes seiner Zeit, des Flavius Magnus Aurelius *Cassiodorus Senator*. Dies war ein Mann aus einer vornehmen römischen Familie, ebenso bedeutend als Gelehrter wie als Politiker. Er hatte sich in die Tatsache der Herrschaft der Ostgoten über Italien gefunden, war ein beredter Verehrer des Theoderich und bekleidete unter diesem und seinen Nachfolgern bis 537 einflußreiche Staatsstellen. Nach dem armseligen Ende des Königtums des Witigis 540 zog er sich als Mönch in ein von ihm im Bruttierland gegründetes Kloster zurück und starb in hohem Alter um 570. Er schrieb, wohl auf Geheiß des Theoderich, eine Geschichte der Goten in 12 Büchern, die wahrscheinlich den gleichen Titel wie das Buch des Jordanis trug und, wie alle Schriften Cassiodors, die Verherrlichung der Regierung des großen Gotenkönigs und des Geschlechtes der Amaler zum Zweck hatte. Leider ist uns dieses Werk verloren gegangen. Dagegen hat sich ein anderes für die Zeitgeschichte wertvolles Buch von ihm erhalten, eine als Formelbuch bearbeitete Sammlung amtlicher Schreiben (Variarum libri XII). Jordanis erhielt nach seiner Versicherung die Gotengeschichte nur auf 3 Tage von einem Verwalter Cassiodors zum Lesen und machte seinen Auszug daraus zur Grundlage seines eigenen Buches, indem er, wie er selbst angibt, „Anfang und Ende und mehreres in der Mitte“ aus eigenem Wissen einflocht. Von besonderer Bedeutung für die Beurteilung des Standpunktes von Jordanis ist unter diesen Zutaten die Erzählung der Ereignisse nach 526, da er für diese Zeit wohl durchaus auf eigenen Füßen steht.

Die Nachrichten über die Völkerwelt der Skandinavischen Halbinsel gehen wohl auf den in der Gotengeschichte 24 genannten König Rodwulf zurück (durch Cassiodor), der sein eigenes nordisches Königreich verließ und sich zu Theoderich dem Großen nach Italien begab. Die Deutungsversuche, welche Müllenhoff (Deutsche Altertumskunde II 359 ff.) und von Grienberger (Zeitschrift für deutsches Altertum XLVI 128 ff.) an den vielfach verdorbenen Völkernamen vorgenommen haben, halte ich großenteils für willkürlich ud für zu gewagt, als daß ich sie für meine Übersetzung hätte verwenden mögen.

Sonst ganz unbekannt ist eine andere Quelle des Jordanis, *Ablabius*, „der ausgezeichnete Verfasser einer sehr zuverlässigen Geschichte der Goten“. Wir wissen nicht einmal, ob dieselbe griechisch oder lateinisch geschrieben, und was für ein Landsmann ihr Verfasser war. Wir können nur vermutungsweise aussprechen, daß er um 500 gelebt hat, und daß auf ihn viele Nachrichten über die innere Stammesgeschichte der Goten zurückzuführen sind.

Älter noch ist der gleichfalls in hervorragendem Maß von Jordanis benutzte *Priskus*. Er schrieb eine „Geschichte von Byzanz und von Attila“, die bis 472 reichte und bruchstücksweise auf uns gekommen ist. Bekannt ist er als Mitglied der Gesandtschaft, welche 448 von Konstantinopel an den Hof Attilas an der Theiß abgeschickt wurde.

Die Art, in der Jordanis den ihm vorliegenden Stoff verarbeitet hat, läßt freilich gar manches zu wünschen übrig. Er mochte wohl das Griechische und Lateinische verstehen; aber er stand eben mit seinem Wissen und Können durchaus nicht auf der Höhe seiner Zeit. Seine stümperhafte Handhabung der lateinischen Sprache, die absolute Unfähigkeit über seinen Stoff Meister zu werden und ihn nach irgendwelchem einheitlichen Gesichtspunkt zu ordnen, hätten ihm eigentlich verbieten sollen, schriftstellerisch aufzutreten. Aber er ist auch anspruchslos genug, um diesen Mangel an Befähigung ohne Rückhalt anzuerkennen; nennt er doch selber seine Römergeschichte ein „Geschichtsbüchelchen“ (storiuncula), für das er nur auf den Beifall der einfachen Leute rechne. Seine Geistesarmut zeigt sich schlagend gleich im Eingang seiner Gotengeschichte, deren Vorrede ein Wort für Wort an Rufinus begangenes Plagiat (aus der Übersetzung des Kommentars von Origenes zum Römerbrief) ist.

„Der leitende Grundgedanke des Jordanis (bei der Abfassung seines Hauptwerkes) ist, daß er nur in der friedlichen Einfügung des Gotenvolkes in das Römische Reich die Möglichkeit und Hoffnung einer gedeihlichen Zukunft für dasselbe erkennt“. Die Fehler des Werkes von Cassiodor, die Verherrlichung der Amaler und des Theoderich insbesondere über alles Maß, haften aus dem Auszug des Jordanis an. In seinem Eifer für die Erreichung dieses Zweckes läßt sich Cassiodor-Jordanis sogar direkte Geschichtsfälschung zuschulden kommen. Dieser Eifer veranlaßte ihn nicht nur, die Geschichte der Goten in uralte Zeiten zurückzuschrauben und ihnen eine fabelhafte, ruhmvolle Urgeschichte anzudichten , indem er, einer schon älteren Verwirrung folgend, die Goten mit den Geten identifizierte – was wir trotz der Verteidigung dieser Annahme durch J. Grimm unmöglich als richtig anerkennen können –, er veranlaßte ihn auch in der Darstellung eines dauernden wahrhaft freundlichen Einvernehmens zwischen Theoderich und dem oströmischen Kaiser Zenon eine bewußte Verdrehung des wirklichen Tatbestandes zu verüben, vielleicht im Auftrag des Theoderich, der, um ein möglichst friedliches Zusammenleben, um eine Verschmelzung zwischen Goten und Römern anzubahnen, alle Erinnerungen an die frühere Feindschaft, an die Art, wie die Goten in den Besitz Italiens gekommen waren, glaubte tilgen zu müssen. Dem Jordanis allein eigen ist die Parteilichkeit in der Darstellung des letzten Entscheidungskampfes zwischen Ostgoten und Oströmern. Hier steht er durchweg auf seiten des byzantinischen Kaisers; Ildebad, Erarich und Totila erkennt er gar nicht mehr als Könige der Ostgoten an, weil auch der Hof von Konstantinopel dies nicht tut. In den Byzantinern, die ja Theoderich immer für seine Freunde ausgegeben hatte, mochte er die berufenen Rächer der Amalaswintha sehen. In Germanus, dem Sohn der Matheswintha, einer Enkelin des Theoderich und des Germanus, eines Bruders von Justinian, scheint ihm für Römer und Goten ein neues Gestirn aufzugehen.

Die handschriftliche Überlieferung der Schriften des Jordanis gewährt keine ausreichende Sicherheit; denn auch die älteste, 1880 leider bei einem Brand im Hause Th. Mommsens zugrunde gegangene Heidelberger Handschrift aus dem 9. oder gar noch 8. Jahrhundert ist sehr fehlerhaft, und die übrigen Handschriften bieten wohl an manchen Stellen einen besseren Text, doch müssen wir uns bescheiden, nicht mit Gewißheit sagen zu können, was Jordanis wirklich geschrieben hat. So weit sich aber mit den vorhandenen Hilfsmitteln kommen ließ, hat *Th. Mommsen* den Text festgestellt, indem er 1882 die seit langer Zeit ersehnte erste kritische Ausgabe für die Sammlung der *Monumenta Germaniae historica* vollendete, neben welcher jetzt die älteren Ausgaben ihren Wert verloren haben. Sie ist der nachstehenden Übersetzung im wesentlichen zugrunde gelegt worden.

Die *römischen* Zahlen in der „Gotengeschichte" geben die alte Zählung nach Kapiteln, die *arabischen* Zahlen in eckigen Klammern [ ] bezeichnen die Jahre nach Christi Geburt.

Konstanz, im Mai 1913.

W. Martens

Vorwort

Während ich auf kleinem Kahne fahrend mich an der Küste des ruhigen Gestades halten und, wie jemand sagt, aus den Fischteichen der Alten einige Fischlein auslesen wollte, zwingst du mich, Bruder Castalius, die Segel nach der hohen See zu richten. Du redest mir zu, das Büchlein, welches ich unter den Händen habe, nämlich den Auszug aus den Chroniken, liegen zu lassen, um die zwölf Bücher des Senator über die Herkunft und die Taten der Goten, von der Vorzeit bis auf den heutigen Tag durch die Reihen der Geschlechter und der Könige herabsteigend, in einem und noch dazu in einem kleinen Büchlein zusammenzufassen. Ein sehr schwerer Auftrag, der zu zeigen scheint, daß der, welcher ihn gab, von der Last der Arbeit nichts wissen wollte. Auch beachtest du nicht, daß mein Hauch zu schwach ist, um die herrliche Posaune jenes Mannes zu füllen: zu allen anderen Schwierigkeiten kommt aber noch die, daß ich jene Bücher nicht einmal zur Verfügung habe, um seinen Gedanken genau folgen zu können. Doch um nicht zu lügen, auf drei Tage habe ich die Bücher vor einiger Zeit durch Vergünstigung seines Schaffners zum Lesen gehabt. Der Worte freilich erinnere ich mich nicht genau, aber den Sinn und die Tatsachen glaube ich vollständig noch im Gedächtnis zu haben. Dazu habe ich aus einigen Geschichten in griechischer und lateinischer Sprache hinzugefügt, was sich dazu eignete, den Anfang und das Ende und allerlei in der Mitte mit meinen Worten vermengend. Deshalb nimm freundlich, ohne Mißachtung an, was du selbst von mir verlangt hast, und lies es mit Vergnügen. Und wenn etwas übergangen ist, wovon du, als dem Volke nahe wohnend, Kunde hast, so füge es hinzu, und bete für mich, liebster Bruder. Der Herr sei mit dir! Amen.

Das Buch des Jordanis von der Herkunft und den Taten der Goten

I.

Unsere Vorfahren haben, wie Orosius berichtet, angenommen, daß der ganze Erdkreis vom Ozean rings umflossen und dreieckig sei; seine drei Teile haben sie Asia, Europa und Afrika genannt. Über diese dreigeteilte Ausdehnung des Erdkreises sind fast unzählige Schriftsteller vorhanden, welche nicht nur die Lage der Städte und Ortschaften erklären, sondern auch, was noch mehr zur Anschaulichkeit beiträgt, die Anzahl der Schritte und Meilen abmessen, auch die in den Meeresfluten verteilten Inseln, sowohl die größeren wie auch die kleineren, welche sie Zykladen und Sporaden nennen, nach ihrer Lage in der ungeheueren Weite des großen Meeres bestimmen. Die äußersten, undurchdringlichen Grenzen des Ozeans aber hat nicht nur niemand zu beschreiben unternommen, sondern es ist auch niemand verstattet gewesen dorthin vorzudringen, weil man die Erfahrung macht, daß das Meer wegen des Widerstandes des Seegrases und weil die Winde dort zu wehen aufhören, undurchdringlich ist und niemand bekannt außer dem, der es erschaffen hat. Der innere Uferrand dieses Meeres aber, welcher, wie wir gesagt haben, die ganze Erde umkreist, indem er wie ein Kranz die Grenzen derselben umgibt, ist den wißbegierigen Menschen und denjenigen, welche über diesen

Gegenstand schreiben wollten, sehr bekannt geworden, weil der Umkreis der Erde von Anbauern bewohnt wird und einige Inseln in demselben Meere bewohnbar sind, wie gen Morgen zu und im Indischen Ozean Hyppodes, Jamnesia, die sonnverbrannte Insel, welche freilich unbewohnbar ist, aber doch weit in die Länge und Breite mit ihrer Ausdehnung sich erstreckt; auch Taprobane, welche, abgesehen von anderen Ortschaften und Besitzungen, mit zehn sehr festen Städten geschmückt ist; aber auch noch eine andere gar anmutige, Silefantina, und auch Theron, die freilich von keinem Schriftsteller beschrieben worden, aber doch von Anbauern reichlich erfüllt sind. Auch in seinem westlichen Teile hat derselbe Ozean einige Inseln, welche wegen der Menge derer, die hier gehen und kommen, fast ganz allgemein bekannt sind. Auch sind nicht fern von der Gaditanischen Meerenge eine mit Namen Beata, und eine zweite, welche Fortunata heißt; indes rechnen einige Schriftsteller auch jene beiden Vorsprünge von Gallizien und Lusitanien unter die Inseln des Ozeans von welchen auf dem einen ein Tempel des Herkules, auf dem andern noch heutzutage ein Denkmal Scipios zu sehen ist; doch gehören sie, weil sie mit dem Ende Galliziens zusammenhängen, wohl eher zu dem Festland von Europa, als zu den Inseln des Ozeans. Dieser hat aber auch noch andere Inseln weiter drinnen inmitten seiner Wogen, welche Balearen heißen, und eine andere, Mevania; dazu die Orkaden, 33 an der Zahl, doch sind sie nicht alle bebaut. Weit draußen am Ende des Westens liegt noch eine Insel namens Thyle, von welcher der Mantuaner unter anderm sagt: – „dir diene Thyle am Ende der Welt!“ Es hat auch dieses ungeheure Meer in seinem arktischen, das heißt in seinem nördlichen Teile, eine umfangreiche Insel namens Skandza, worüber unsere Erzählung mit Gottes Hilfe anheben soll. Denn das Volk, nach dessen Ursprung du fragst, kam, wie ein Bienenschwarm aus dem Schoß dieser Insel hervorbrechend, nach Europa. Wie aber und unter welchen Umständen, das werden wir im folgenden, wenn der Herr es gibt, erzählen.

II.

Jetzt aber will ich kurz, so gut ich kann, die Insel Britannien besprechen, welche in einem Meerbusen zwischen Spanien, Gallien und Germanien gelegen ist. Mag auch einst, wie Livius berichtet, niemand dieselbe umfahren haben, so haben doch viele Gelegenheit gehabt, allerlei Mutmaßungen über ihre Größe zu äußern. Denn Julius Cäsar hat sie, nachdem sie lange den römischen Waffen unzugänglich gewesen, durch Kämpfe, die nur des Ruhmes wegen geführt wurden, erschlossen; von da an war sie offen für den Warenverkehr und auch vielen Leuten zu andern Zwecken. Dem eifrig nachforschenden Zeitalter, das nun folgte, gab sie genauere Kunde von ihrer Lage, und diese wollen wir nun an der Hand von griechischen und lateinischen Gewährsmännern näher betrachten. Die meisten haben sie als einem Dreieck ähnlich bezeichnet, das sich in nordwestlicher Richtung erstreckt und mit einem Winkel, dem größten, den Rheinmündungen gegenüberliegt; von da laufe es, allmählich an Breite abnehmend, schräg rückwärts in zwei andere Winkel aus und liege mit den beiden längeren Seiten Gallien und Germanien gegenüber. Seine Breitenausdehnung beträgt da, wo sie am größten ist, an 2310 Stadien; seine Länge soll 7132 Stadien nicht übersteigen. Es sei eine bald mit Dornbüschen, bald mit Waldung bewachsene Ebene; auch erhebe sich das Land zu einigen Bergen. Von träger Flut sei es umgeben, welche nur schwer dem Schlag der Ruder weiche und nicht durch Winde anschwelle, wahrscheinlich weil das Festland wegen seiner Entlegenheit keinen Anlaß zu Meeresbewegungen gibt; denn hier hat das Meer eine größere Ausdehnung als irgendwo sonst. Strabo aber, ein berühmter griechischer Schriftsteller, berichtet, daß, da der Boden von den häufigen Überschwemmungen des Meeres feucht sei, dort so dichte Nebel aufsteigen, daß die Sonne fast den ganzen abscheulichen Tag hindurch verdeckt ist und, auch wenn sie hell scheint, dem Blick entzogen wird. Auch ist, wie der Annalenschreiber Kornelius erzählt, die Nacht nach den entfernteren Gegenden zu heller und sehr kurz. Es birgt sehr viele Metalle in sich, ist reich an allen Kräutern und fruchtbarer an allem dem, was mehr dem Vieh als dem Menschen zur Nahrung dient. Es fließen aber durch das Land hin und wieder viele bedeutende Flüsse, welche Edelsteine und Perlen mit sich führen. Die Siluren haben farbige Gesichter und kommen meist mit schwarzem, krausem Haar auf die Welt; die Bewohner Kaledoniens dagegen haben rötliche Haare und einen hohen, aber nicht stark gebauten Körper; sie sind den Galliern oder Spaniern ähnlich, je nachdem sie den einen oder den andern näher sind. Daher haben einige die Vermutung aufgestellt, daß es von diesen, welche durch die Nachbarschaft angelockt wurden, Bewohner erhalten habe. Alle, Völker und Könige, sind in dem gleichen Zustand der Roheit. Dio, ein sehr berühmter Geschichtschreiber, erzählt jedoch, daß sie alle den Namen der Kaledonier und Mäaten angenommen haben. Sie wohnen in Hütten von Strauchwerk, die zugleich die Viehställe sind; oft dient ihnen auch der Wald als Wohnung. Zum Schmuck oder aus irgendeinem andern Grund tätowieren sie sich mit Eisen. Sie führen öfter Krieg miteinander aus Herrschsucht, oder um ihren Besitz zu vermehren, nicht nur zu Pferd und zu Fuß, sondern auch mit Zweigespann und Sichelwagen, welche man gewöhnlich Esseden nennt. Dies wenige von Britannien gesagt zu haben, möge genügen.

III.

Wir wollen wieder zur Lage der Insel Skandza, die wir eben verlassen haben, zurückkehren. Dieser gedenkt im zweiten Buch seines Werkes Claudius Ptolemäus, ein ausgezeichneter Geograph, indem er sagt: Draußen im nördlichen Eismeer liegt eine große Insel namens Skandza, von der Gestalt eines Zitronenblatts mit krummen Seitenkanten, weit in die Länge gezogen. Von ihr berichtet auch Pomponius Mela, daß sie im Kodanischen Meerbusen gelegen sei, dessen Ufer der Ozean bespült. Sie liegt vor der Mündung der Vistula, welche auf den sarmatischen Gebirgen entspringt und gegenüber von Skandza, Germanien und Scythien scheidend, in drei Mündungen in den nördlichen Ozean fließt. Sie hat im Osten einen sehr großen Binnensee, von wo wie aus einem Bauch hervorkommend der wellenreiche Fluß Vagus dem Ozean zuströmt. Im Westen wird sie von der unendlichen Salzflut umgeben, im Norden von demselben nicht schiffbaren, endlosen Ozean eingeschlossen, von welchem – wie durch einen auslaufenden Arm – durch einen ausgedehnten Busen das germanische Meer gebildet wird. Hier sollen zerstreut mehrere kleine Inseln liegen, wo die Wölfe, wenn sie auf dem infolge heftiger Kälte zugefrorenen Meer hinübergegangen sind, ihr Augenlicht verlieren sollen. So ist das Land nicht nur für die Menschen unwirtlich, sondern auch für Tiere schrecklich. Auf der Insel Skandza aber, wovon die Rede ist, wohnen viele verschiedene Völker, doch nur von sieben gibt Ptolemäus die Namen an. Ein Honigbienenschwarm ist wegen der großen Kälte dort nirgends zu finden. Im nördlichen Teil wohnt ein Volk Adogit, welches mitten im Sommer 40 Tage und 40 Nächte hindurch fortwährend Tageshelle haben und ebenso viele Tage und Nächte im Winter keinen Sonnenschein kennen soll. So wechseln Trübsal mit Freude, gute und schlimme Zeiten in anderer Weise als bei den übrigen Menschen. Und warum dies? Weil man bei ihnen an den längeren Tagen die Sonne im Osten am Rande des Gesichtskreises auch auf dem Rückweg sieht, sie an den kürzern Tagen dagegen nicht so erblickt, sondern anders, da sie den südlichen Himmel durchläuft, und während sie bei uns sich von unten zu erheben scheint, bei jenen, wie man sagt, unterhalb des Gesichtskreises vorbeigeht. Andere Völker dort sind die Skrerefennen, welche nicht nach Getreidenahrung fragen, sondern von Wildbret und Vogeleiern leben. Die Brut der Vögel in den Sümpfen ist so groß, daß sie sich vermehren und zugleich dem Volk solle Sättigung geben. Ein anderes Volk, das dort wohnt, sind die Suehans, welche, wie die Thüringer, ausgezeichnete Pferde ziehen. Diese sind es auch, die den Römern auf dem Verkehrswege durch Vermittlung vieler anderer Völker die sappherinischen Felle liefern, und sie sind berühmt durch die prächtige Schwärze dieser Felle. Während sie dürftig leben, haben sie die reichste Kleidung. Es kommt dann eine Masse anderer Völker: die Theusten, Wagoth, Bergio, Hallin, Liothida, deren Wohnsitze sämtlich in ebenem, fruchtbarem Land sich befinden, weshalb sie sich auch der Einfälle anderer Stämme zu erwehren haben; nach diesen die Ahelmil, Finnaithen, Fervir und Gautigoth, ein tapferes und kriegerisches Volk; sodann die Mixer, Euagrer, Otingis. Alle zusammen wohnen in ausgehauenen Felsen, wie in Kastellen, nach Art der Tiere. Weiter nach außen wohnen die Ostrogoten, Raumariker, Ragnarikier, die sehr zahmen Finnen, deren Sitten milder sind, als die aller Bewohner von Skandza; ferner die ihnen gleichenden Winowiloth; die Suetiden, die hier durch ihre Körpergröße, an der sie alle andern übertreffen, berühmt sind. Darum haben auch die Dänen, die von ihnen abstammen, die Heruler, wiewohl diese an Wuchs die größten Menschen auf ganz Skandza sind, aus ihren eigenen Wohnsitzen vertrieben. Auch die Grannier, Augandzer, Eunixer, Tätel, Ruger, Arocher und Ranier sind in derselben Gegend. Über sie herrschte vor noch nicht vielen Jahren der König Rodwulf, der sein eigenes Reich für zu gering achtete und sich in den Schutz des Gotenkönigs Theoderich begab, wo er fand, was er wünschte. Diese Völker, an Gestalt und Mut größer als die Germanen, kämpften mit tierischer Wildheit.

IV.

Von dieser Insel Skandza also sollen einst wie aus einer Werkstatt der Völker oder einer Mutter der Nationen die Goten mit ihrem König Berig ausgefahren sein. Sobald sie ihre Schiffe verließen und ans Land stiegen, gaben sie demselben sogleich ihren Namen. Denn noch heute heißt, wie man erzählt, dort ein Land Gothiskandza. Von da rückten sie später vor ins Land der Ulmeruger, die damals an den Meeresküsten saßen, zogen gegen sie zu Felde, lieferten ihnen eine Schlacht und vertrieben sie aus ihrer Heimat. Ihre Nachbarn, die Wandalen, unterwarfen sie schon damals und nötigten sie durch ihre Siege zum Anschluß. Als nun die Zahl des Volkes immer mehr zunahm und ungefähr der fünfte König nach Berig herrschte, nämlich Filimer, der Sohn des Gadarich, faßte dieser den Entschluß, daß das Heer der Goten mit Weib und Kind auswandern solle. Als er nach geeigneten Wohnsitzen und passenden Gegenden suchte, kam er in die Lande von Scythien, welche in ihrer Sprache Oium heißen. Die fruchtbaren Gegenden gefielen dem Heer. Da bracht jedoch, nachdem schon die Hälfte die Brücke überschritten hatten, welche über den Fluß führte, diese zusammen und man konnte sie nicht wiederherstellen; so konnte niemand mehr hinüber oder herüber. Denn jene Gegend ist, wie erzählt wird, von einem Abgrund mit unsicherem Moor umgeben, und die Natur hat sie so auf doppelte Art unwegsam gemacht. Noch bis auf den heutigen Tag aber lassen sich dort Stimmen von Herden vernehmen, und man hat Anzeichen von dem Vorhandensein von Menschen entdeckt, wie man nach dem Zeugnis der Wanderer, welche es zwar nur aus der Ferne vernommen haben, glauben darf. Der Teil der Goten also, der unter Filimer über den Fluß setzte und nach Oium kam, bemächtigte sich des ersehnten Bodens. Gleich darauf kamen sie zu dem Volk der Spaler, lieferten ihnen eine Schlacht und gewannen den Sieg. Im Siegeslauf gelangten sie dann bis an den Entferntesten Teil Scythiens, der an den Pontus grenzt, wie das in ihren alten Liedern insgemein fast nach der Art eines Geschichtsbuches erzählt wird. Dies bezeugt auch Ablabius, der die Goten vortrefflich geschildert hat in seiner durchaus zuverlässigen Geschichte. Hiermit stimmen auch einige Frühere überein. Warum Josephus, ein höchst gewissenhafter Berichterstatter, da er doch überall die Wahrheit sich zur Richtschnur nimmt und den Ursprung der Dinge bis auf die ersten Anfänge verfolgt, diese Nachrichten vom Ursprung der Goten nicht erwähnt hat, wissen wir nicht. Nur den Magog nennt er aus ihrem Stamm und fügt hinzu, daß sie ihrer Herkunft und ihrem Namen nach Scythen geheißen hätten. Die Lage dieses Landes nun müssen wir, ehe wir zu einem andern Gegenstand übergehen, beschreiben.

V.

Scythien grenzt an Germanien bis dahin, wo der Fluß Ister entspringt oder der Morsianische See sich ausbreitet; es erstreckt sich bis an die Flüsse Tyras, Danaster und Vagosola, und jenen großen Danaper und an das Taurusgebirge, nicht das in Asien, sondern ein besonderes scythisches, längs des ganzen Mäotischen Meeres und darüber hinaus durch die Enge des Bosporus bis an den Kaukasus und den Araxes; sodann biegt es hinter dem Kaspischen Meer nach der linken Seite um; im äußersten Asien vom Eoroborischen Ozean ab zuerst in der Form eines dünnen Pilzes, wird es nachher sehr breit und kreisförmig und erstreckt sich bis zu den Hunnen, Albanern und Seren. Dies Land Scythien also, weit in die Länge und Breite sich ausdehnend, grenzt im Osten an die Seren, welche an seinem Ende beim Kaspischen Meer wohnen, im Westen an die Germanen und an den Fluß Vistula; im Norden wird es vom Ozean, im Süden von Persien, Albanien, Iberien, dem Pontischen Meer und dem untern Lauf des Ister begrenzt, der von seiner Mündung bis zur Quelle auch Danubius heißt. Auf der Seite, wo es die Küste des Pontus streift, berührt es bekannte Städte: Boristhenis, Olbia, Kallipolida, Chersona, Theodosia, Kareon, Myrmikon und Trapezunt, welche die wilden Scythenvölker von den Griechen gründen ließen, damit sie mit ihnen Handel treiben könnten. Mitten in diesem Scythien gibt es eine Gegend, die Asien und Europa voneinander trennt, nämlich die Riphäischen Berge, auf welchen der gewaltige Tanais entspringt der in die Mäotis mündet; des letztern Sumpfes Umfang beträgt 144000 Schritte, und er ist nirgends tiefer als acht Ellen. Das erste Volk im westlichen Scythien ist das der Gepiden, deren Land von großen und bedeutenden Flüssen durchströmt wird; denn die Tisia durchfließt es von Norden nach Süden; von Westen kommt der große Danubius selber, von Osten der Flutausis, der reißend mit vielen Stromschnellen in die Fluten des Ister mündet. Weiter nach innen zu liegt Dazien, das von steilen Gebirgen, die wie ein Kranz dasselbe umgeben, geschützt ist. Links von diesen, wo die Grenze nordwärts geht, von den Quellen der Vistula ab über ungeheure Strecken hin sitzt das zahlreiche Volk der Veneter. Mögen auch ihre Benennungen wechseln nach ihren verschiedenen Stämmen und Wohnsitzen, die hauptsächlichen Namen sind doch die der Sklavenen und Anten. Die Sklavenen haben das Land von der Stadt Novietunum und dem sogenannten Mursianischen See bis zum Danaster, im Norden bis zur Vistula inne. Statt in Städten wohnen diese in Sümpfen und Wäldern. Die Anten dagegen, die tapfersten unter ihnen, wohnen an der Krümmung des Pontus vom Danaster bis zum Danaper, die viele Tagereisen voneinander entfernt sind. An der Küste des Ozeans aber, wo sich in diesen die Vistula mit drei Mündungen ergießt, sitzen die Widiwarier, die sich aus verschiedenen Stämmen zusammengeschart haben. Hinter diesen wohnen gleichfalls am Ozean die Ästen, ein sehr friedliebendes Volk. Im Süden von diesen sitzt das tapfere Volk der Akatziren, das von Früchten nichts weiß und nur von Vieh und von der Jagd lebt. Jenseits von diesem wieder oberhalb des Pontischen Meeres breiten sich die Sitze der Bulgaren aus, welche die unglücklichen Folgen unserer Sünden so weit bekannt gemacht haben. Von hier ist durch die Hunnen aus einem an tapfern Stämmen so fruchtbaren Boden zweifache Wut über die Völker gekommen. Die einen nämlich heißen Altziagiren, die andern Saviren, und sie bewohnen voneinander gesonderte Länder: die Altziagiren neben Chersona, wohin der habgierige Kaufmann Asiens Waren bringt; im Sommer durchstreifen sie die weiten Steppen und wählen ihre Wohnsitze, je nachdem sie der Reichtum an Futter für das Vieh dazu einlädt; im Winter ziehen sie sich an das Gestade des Pontischen Meeres zurück. Die Hunuguren aber sind durch den Handel mit Hermelinfellen, die dort zu haben sind, bekannt. Vor ihnen fürchtete sich die Kühnheit so großer Männer. Von ihnen lesen wir, daß ihre Wohnsitze zuerst auf scythischem Boden längs des Mäotischen Sumpfes waren; dann wohnten sie in Mösien, Thrazien und Dazien; später wieder werden sie als nördlich vom Pontischen Meer in Scythien wohnend erwähnt; nirgends aber finden wir solche Märchen aufgezeichnet, daß sie in Britannien oder auf sonst einer Insel unterjocht und von jemanden um den Preis eiens einzigen Pferdes losgekauft worden seien. Wenn nun aber jemand behauptet, daß sie anders, als wir berichtet haben, in der Geschichte zum Vorschein gekommen seien, so steht dies zwar unserer Ansicht entgegen; wir halten uns jedoch lieber an das, was wir gelesen haben, als an Altweibermärchen. Um also zu unserer Aufgabe zurückzukommen, so hatten sie in der ersten Zeit, von der wir ausgehen, als sie an der Mäotis in Scythien wohnten, nach dem, was man davon weiß, einen König Filimer. In der zweiten, d.h. als sie in Dazien, Thrazien und Mösien saßen, erwähnen sehr viele Geschichtschreiber bei ihnen den Zalmoxes als einen in der Philosophie ausnehmend unterrichteten Mann. Schon vor diesem hatten sie den Zeuta, einen weisen Mann, nachher noch den Dicineus, als dritten den Zalmoxes, von dem ich oben gesprochen. Auch hatten sie reichlich Lehrer der Weisheit. Daher waren die Goten stets gebildeter als fast alle andern Barbaren und kamen nahezu den Griechen gleich, wie Dio berichtet, der die Geschichten und Jahrbücher derselben in griechischer Sprache verfaßt hat. Er sagt, daß diejenigen, welche unter ihnen durch edle Geburt hervorragten und aus welchen sowohl die Könige als auch die Priester entnommen wurden, zuerst Tarabosten, dann Pilleaten geheißen hätten. So berühmt waren die Goten, daß man ehedem erzählte, Mars, den der Trug der Dichter den Kriegsgott nennt, sei bei ihnen geboren worden. Daher sagt Vergil: „Auch der Vater Gradivus, der Herr der gotischen Lande". Diesen Mars haben die Goten immer mit einem grausamen Kultus verehrt – denn sein Opfer war der Tod der Kriegsgefangenen –, in der Meinung, daß der Lenker der Schlachten billigerweise durch Menschenblut versöhnt werden müsse. Ihm wurden die Erstlinge der Beute gelobt, ihm wurden an Baumstämmen erbeutete Rüstungen aufgehängt; es war ihnen eine ganz besondere Verehrung für ihn angeboren, da es so schien, als ob sie die göttliche Verehrung ihrem Stammesvater erwiesen. In ihrem dritten Wohnsitz aber oberhalb des Pontischen Meeres, wo sie schon menschlicher und, wie oben erwähnt, gebildeter wurden, verteilten sie sich unter zwei Geschlechter; die Wesegoten dienten dem Geschlecht der Balthen, die Ostrogoten den berühmten Amalern. Zuerst unter ihren Nachbarn ging ihr Streben darauf, die Bogen mit Sehnen zu bespannen, wie Lukan, der eher Geschichtschreiber ist als Dichter, bezeugt: „Und die armenischen Bogen bespannt mit gotischen Sehnen!" Vorher schon feierten sie mit Gesang und Zitherspiel die Taten ihrer Vorfahren, des Eterpamara, Hanala, Fridigern, Widigoia und anderer, deren Namen bei diesen Völkern in so hohem Ansehen stehen, wie das bewundernswerte Altertum kaum von dem Heroen rühmt. Damals überzog, wie berichtet wird, Vesosis die Scythen mit einem Krieg, der für ihn tränenreicher ward – nämlich die, welche das Altertum als Männer der Amazonen bezeichnet. Denn auch die Weiber derselben führten Krieg, wie Orosius im ersten Buch deutlich aussagt. Wir sind daher ganz entschieden für die Ansicht, daß er damals mit den Goten gekämpft hat; daß er nämlich mit den Männern der Amazonen gestritten, wissen wir sicher. Denn damals saßen diese in dem Gebiet von Borysthenes, den seine Anwohner Danaper nennen, bis an den Tanais rings um den Winkel des Mäotischen Sumpfes. Mit dem Tanais aber meine ich den Fluß, der auf den Riphäischen Bergen entspringend solch einen reißenden Lauf hat, daß er allein, wenn die benachbarten Flüsse oder die Mäotis, ja selbst der Bosporus gefrieren, aus kluftigen Bergen hervorsprudelnd niemals selbst in scythischer Kälte zu Eis gefriert. Hier nimmt man die berühmte Grenze von Asien und Europa an. Ein anderer ist der, welcher auf Bergen der Chrinner entspringt und ins Kaspische Meer fließt. Der Danaper aber entspringt aus einem großen Sumpf, aus welchem er wie das Kind aus dem Mutterleib hervorkommt. Er hat bis zu seinem mittleren Lauf süßes, trinkbares Wasser und Fische von gutem Geschmack, die keine Knochen, sondern nur Knorpeln im Leib haben. Aber in der Nähe des Pontus nimmt er einen kleinen Fluß, den Exampheus auf, dessen Wasser so bitter ist, daß jener, der schon 40 Tagereisen schiffbar ist, durch dies kleine Wässerlein verändert und gefärbt wird, so daß er sich gar nicht mehr gleich sieht; zwischen den griechischen Städten Kallipidä und Hypannis fließt er dann ins Meer. Vor seiner Mündung liegt eine Insel Achilles. Dazwischen liegt weites, ödes Land, das mit Wäldern bewachsen und voll gefährlicher Sümpfe ist.

VI.

Als nun die Goten hier wohnten, zog, als Tanausis auf dem Königsthron saß, Vesosis, der Ägypterkönig, gegen sie zu Felde. Der Gotenkönig Tanausis zog dem Ägypter Vesosis zur Schlacht entgegen an den Phasis, von wo die Fasanen massenweise für die Mahle der Reichen in der ganzen Welt kommen, brachte ihm eine schwere Niederlage bei und verfolgte ihn bis nach Ägypten, und wenn ihn nicht des unüberschreitbaren Nilstroms Wogen und die Schanzlinien verhindert hätten, welche Vesosis dort schon vor langer Zeit wegen der Einfälle der Äthiopier hatte aufführen lassen, so hätte er ihn dort in seinem eigenen Lande vernichtet. Aber während er jenem in einer solchen Stellung nichts anhaben konnte, unterwarf er auf der Rückkehr fast ganz Asien und machte es seinem damaligen teuern Freund, dem Mederkönig Sornus, zinspflichtig. Damals blieben manche von seinem siegreichen Heer, welche die unterworfenen und durch jegliche Art von Fruchtbarkeit ausgezeichneten Provinzen betrachteten, absichtlich in Asien zurück und verließen das Heer. Von ihnen stammen nach Trogus Pompejus die Parther. Daher heißen sie bis auf den heutigen Tag Parther, das heißt auf scythisch „Ausreißer", und ihrer Abkunft entsprechend sind sie allein fast unter allen Völkern Asiens Bogenschützen und sehr tüchtige Krieger. Was aber unsere Ethymologie des Namens Parther = Ausreißer anbelangt, so erklären ihn einige daher, daß sie Parther hießen, weil sie ihre Vorfahren verließen. Diesem Tanausis aber erwiesen die Goten nach seinem Tode göttliche Ehre.

VII.

Als nach seinem Tod das Heer unter seinen Nachfolgern in andere Länder zu Felde gezogen war, suchte ein Nachbarvolk die zurückgelassenen Weiber der Goten zu rauben. Diese jedoch leisteten, da sie es von ihren Männern gelernt hatten, tapfer Widerstand und wiesen ihre Bedränger mit großer Schmach ab. Nach dem Sieg ergriffen sie, von kühnem Mut beseelt, indem sie sich gegenseitig dazu aufforderten, die Waffen und wählten zwei besonders kühne Frauen, Lampeto und Marpesia, zu Fürstinnen. Indem diese nun auf den Schutz des eigenen Landes und auf die Verwüstung des fremden bedacht waren, blieb Lampeto, nachdem sie darüber das Los geworfen, zurück, um die Heimat zu verteidigen; Marpesia aber führte das Heer der Weiber und brach mit dieser ganz neuen Kriegergattung in Asien ein, unterwarf verschiedene Völker mit den Waffen, andere gewann sie durch friedliche Unterhandlungen für sich und kam bis zum Kaukasus, wo sie sich eine Zeitlang aufhielt und jener Gegend den Namen Marpesiafels gab. Daher sagt Vergil: „Grad' als starrte ein Kiesel empor, ein marpesischer Felsblock"; da wo später Alexander der Große Tore bauen ließ, denen er den Namen „Kaspische Pforten" gab, wo jetzt zum Schutz des Römischen Reiches die Lazen stehen. Hier eine Zeitlang verweilend erstarkten die Amazonen. Dann brachen sie auf, überschritten den Fluß Alis, der an der Stadt Gargara vorbeifließt, und unterwarfen, überall gleich glücklich, Armenien, Syrien, Zilizien, Gallien, Pisidien und alle Städte Kleinasiens. Dann wandten sie sich gegen Ionien und Äolien und machten es sich untertan. Hier hatten sie eine längere Herrschaft und benannten auch Städte und Burgen nach ihrem Namen. In Ephesus erbauten sie wegen ihrer Lust am Schießen und an der Jagd, die sie mit Leidenschaft betrieben, der Diana mit großem Aufwand einen wunderschönen Tempel. Auf solche Weise also geschah es, daß sich scythische Weiber der Herrschaft in Asien bemächtigten, welche sie an hundert Jahre behielten. Hierauf kehrten sie endlich zu ihren Genossinnen in die oben erwähnten Marpesischen Felsen, d.h. in den Kaukasus, zurück. Da wir nun schon zweimal auf dieses Gebirge zu sprechen gekommen sind, so glaube ich, daß es der Sache nicht fern gelegen sei, seinen Zug und seine Lage zu beschreiben, da er bekanntlich ohne Lücke den größten Teil der Erde begrenzt. Er erhebt sich vom Indischen Ozean, und an der Seite, wo er dem Süden zugewandt ist, glüht er infolge der Sonnenhitze; auf der Nordseite ist er unwirtlich durch frostige Winde und Reif. Dann macht er einen Bogen und verläuft nach Syrien und entsendet neben vielen andern Flüssen nach der verbreitetsten Meinung in das Vasianensische Land den Euphrat und Tigris, die beide schiffbar sind aus der reichlichen Menge immer fließender Quellen. Diese beiden umfassen das Land der Syrer, dem sie seinen Namen Mesopotamien und seine Gestalt geben, und ergießen ihre Fluten in einen Busen des Roten Meeres. Dann wendet sich oben besagtes Gebirge nach Norden, zieht mit großen Krümmungen durch die scythischen Lande, und von hier aus sendet es sehr namhafte Flüsse in das Kaspische Meer, wie den Araxes, den Cysus und den Kambises, und dehnt sich in seiner Fortsetzung bis an die Riphäischen Berge aus. Von da geht es, indem es mit seinen Abhängen das Scythenland begrenzt, bis zum Pontischen Meer, und erreicht mit seinen Ausläufern auch die Fluten des Hister; durch diesen Fluß wird es gespalten und heißt in Scythien auch Taurus. Von solcher Beschaffenheit und solcher Ausdehnung ragt es, das größte fast aller Gebirge, mit seinen hohen Gipfeln empor und bietet durch seinen natürlichen Bau seinen Völkern unübersteigbare Bollwerke. Denn mit stellenweisen Einschnitten, wo im Spalt des getrennten Gebirges ein offenes Tal ist, hat es die Kaspischen, dann die Armenischen, dann die Zilizischen und andere Tore, die nach der Gegend, worin sie sich befinden, verschiedene Namen haben; aber kaum ein Wagen kann dort fahren, da auf beiden Seiten die Felswände jäh abgerissen sind. Bei den verschiedenen Völkern hat es verschiedene Namen. Hier nennt es der Inder Lammus, dort Propanissimus; der Parther heißt es zuerst Kastra, später Nifates; der Syrer und Armenier nennt es Taurus; bei den Scythen hat es die Namen Kaukasus und Riphäus und am Ende wieder Taurus; noch viele andere Benennungen haben die Völker diesem Gebirge gegeben. Und weil wir jetzt auch von seiner Erstreckung einiges berichtet haben, so wollen wir nun wieder zu den Amazonen zurückkehren, von denen wir ausgegangen sind.

VIII.

Aus Furcht, ihre Nachkommenschaft möchte immer mehr abnehmen, strebten sie darnach, bei den Männern der benachbarten Völker zu schlafen. Einmal im Jahr wurde Zusammenkunft gehalten und ausgemacht, daß man am selben Tag im folgenden Jahr wieder zusammenkäme, um den Nachwuchs männlichen Geschlechts dem Vater zu bringen; was weiblich war, sollte die Mutter für den Kriegsberuf erziehen, oder sie nahmen, wie einige meinen, bei der Geburt von Knäblein mit stiefmütterlichem Haß gegen das unglückliche Kind diesem das Leben. Bei ihnen war also die Geburt von Knaben, die ja doch überall erwünscht ist, verhaßt. Diese ihre Grausamkeit machte, daß man allgemein große Angst vor ihnen hatte. Denn welche Hoffnung, frage ich, hätte es da noch für einen Gefangenen geben können, so sogar dem Sohn Nachsicht zu schenken nicht erlaubt war? Gegen diese nun kämpfte, wie erzählt wird, Herkules und überwand die Melanis, jedoch mehr durch List als Tapferkeit. Theseus aber nahm die Hippolyte als Beute mit, welche ihm den Hippolytus gebar. Auch eine Königin namens Penthesilea hatten später diese Amazonen, über die sich im Trojanischen Krieg rühmliche Zeugnisse finden. Diese Frauen sollen nämlich bis auf Alexander den Großen die Regierung in Händen gehabt haben.

IX.

Damit du aber nicht etwa sagst: Warum verweilt der Bericht, der doch von den Männern der Goten handelt, so lange bei ihren Frauen? so vernimm nun auch von der Männer ausgezeichneter, ruhmwürdiger Tapferkeit. Dio, ein Geschichtschreiber und sehr gründlicher Altertumsforscher, der seinem Werk den Titel „von den Geten" gegeben hat – daß aber „Geten" gleichbedeutend mit „Goten" ist, haben wir schon oben bewiesen; auch erwähnt dies Orosius Paulus –, dieser Dio erwähnt bei ihnen nach sehr langer Zeit einen König Telephus. Damit aber niemand einwende, daß dieser Name der gotischen Sprache völlig fremd sei, so hat wohl jeder schon die Bemerkung gemacht, daß die Völker meist fremde Namen für ihren Gebrauch sich aneignen, wie z.B. die Römer die der Mazedonier, die Griechen die der Römer, die Sarmaten die der Germanen, die Goten meist die der Hunnen entlehnen. Dieser Telephus also, der Sohn des Herkules und der Auge, der Gemahl einer Schwester des Priamus, von schlankem Körperbau, noch furchtbarer durch seine Kraft, der an Tapferkeit seinem Vater nicht nachstand, war auch nach der Ähnlichkeit der Gestalt ein zweiter Herkules. Sein Königreich nannte man früher Mösien. Im Osten dieser Provinz sind die Donaumündungen, im Süden Mazedonien, im Westen Histrien, im Norden die Donau. Der ebenerwähnte Telephus also hatte Krieg mit den Danaern, wobei er in der Schlacht den Thesander, einen griechischen Fürsten tötete; als er dann auch den Ajax angriff und den Ulixes verfolgte, strauchelte sein Pferd an einem Rebstock; er fiel und wurde von Achilles mit dem Spieß am Schenkel verwundet, so daß er lange nicht geheilt werden konnte; die Griechen aber jagte er, wiewohl er verwundet war, aus seinem Land. Nach seinem Tod folgte ihm sein Sohn Euryphilus in der Herrschaft nach, ein Sohn der Schwester des Phrygerkönigs Priamus. Er wurde, als er aus Liebe zu Kassandra am Trojanischen Krieg teilnehmen und seinen Verwandten und seinem Schwiegervater Hilfe bringen wollte, gleich nach seiner Ankunft getötet.

X.

Hierauf unternahm Cyrus, der Perserkönig, nach einem großen Zwischenraum, nämlich von nahezu 630 Jahren, wie Trogus Pompejus bezeugt, gegen die Königin der Geten Tomyris einen für ihn unheilvollen Krieg. Übermütig gemacht durch seine Siege in Asien, strebte er die Geten zu unterwerfen, deren Königin, wie gesagt, Tomyris war. Obgleich ihn diese am Übergang über den Fluß Abraxes hätte verhindern können, ließ sie ihn doch herüberkommen, in dem sie es vorzog, ihn mit den Waffen in der Hand zu besiegen, statt ihn durch die Gunst der Örtlichkeit fern zu halten. So geschah es auch. Als nun Cyrus kam, begünstigte das Glück anfangs die Parther so sehr, daß sie den Sohn der Tomyris und den größten Teil ihres Heeres töteten. Aber bei Wiederaufnahme des Kampfes schlugen die Geten mit ihrer Königin das Partherheer bis zur Vernichtung und machten reiche Beute; hierbei sah auch das Volk der Goten zum erstenmal sirische Zelte. Hierauf zog die Königin Tomyris, noch mächtiger durch diesen Sieg und nachdem sie sich einer so reichen Beute bemächtigt hatte, in den Teil Mösiens, der jetzt mit Entlehnung seines Namens nach Großscythien Kleinscythien heißt, und erbaute an der mösischen Küste des Pontus nach ihrem Namen die Stadt Thomes. Später verlangte der Perserkönig Darius, des Hystaspes Sohn, die Tochter des Gotenkönigs Antyrus zur Frau unter Bitten und Drohungen, wenn man seinen Willen nicht erfüllte. Die Goten aber verachteten die Verwandtschaft mit ihm und machten seine Gesandtschaft vergeblich. Wütend über diese schimpfliche Zurückweisung zog er mit 700 000 Bewaffneten gegen sie, um sich für die ihm zugefügte Beschimpfung durch eine Bestrafung des Volkes zu rächen. Ungefähr von Chalzedon bis nach Byzanz stellte er Schiffe wie eine Brücke zusammen und verband sie miteinander; dann zog er gegen Mösien und Thrazien; über die Donau baute er eine ähnliche Brücke, wurde aber zwei Monate lang durch häufige Kämpfe bei Tapä heimgesucht und verlor 8000 Mann, darnach eilte er aus Besorgnis, die Donaubrücke möchte von seinen Feinden besetzt werden, in schleunigster Flucht nach Thrazien zurück; nicht einmal in Mösien glaubte er sich in Sicherheit, um eine kurze Zeit verweilen zu können. Nach seinem Tode beschloß Xerxes, die Schmach, die sein Vater erlitten hatte, zu rächen, und überzog mit 700000 Mann eigenen und 300000 Mann Hilfstruppen, 1200 Kriegsschiffen und 3000 Lastschiffen die Goten mit Krieg, wagte aber durch ihren Mut und ihre Festigkeit besiegt, keinen Kampf. Denn er zog wieder ohne zu schlagen, wie er gekommen war, mit seinem Heere ab. Auch Philipp, der Vater Alexanders des Großen, knüpfte Freundschaft mit den Goten an und nahm Medopa, die Tochter ihres Königs Gudila, zur Frau, um durch solche Verwandtschaft gestärkt, die Herrschaft der Mazedonier zu befestigen. In jener Zeit gedachte - nach dem Bericht des Geschichtschreibers Dio - Philipp, welcher an Geldmangel litt, mit Heeresmacht Odyssitana, eine Stadt Mösiens, die damals wegen der Nachbarschaft von Thomes den Goten unterworfen war, zu plündern. Da kamen jene Priester der Goten, welche die Frommen hießen, nachdem plötzlich die Tore geöffnet waren, unter Zitherspiel in weißen Kleidern heraus und riefen im Bittgesang die heimischen Götter an, daß sie hilfreich die Mazedonier vertreiben möchten. Als die Mazedonier diese so zuversichtlich auf sich zukommen sahen, stutzten sie, und sie, die Bewaffneten, wurden, wenn man so sagen darf, von den Unbewaffneten in Schrecken gesetzt. Unverzüglich lösten sie das Heer auf, das sie zum Krieg ausgerüstet hatten, ließen von der Zerstörung der Stadt ab und gaben sogar die, welche sie nach Kriegsrecht außerhalb gefangen genommen hatten, los, schlossen Frieden und kehrten dann zu den Ihrigen zurück. Im Angedenken an diesen Streich bekriegte lange Zeit später ein ausgezeichneter Führer der Goten, Sithalkus, mit 150000 Mann, verbündet mit den Athenern, Perdikkas, den König der Mazedonier. Diesen hatte Alexander, als er in Babylon von der Hand eines treulosen Dieners den Tod trank, nach dem Erbrecht als Nachfolger in der Herrschaft über die Athener zurückgelassen. Aus einer großen Schlacht mit ihm gingen die Goten als Sieger hervor, und so zogen diese für jenes alte in Mösien erlittene Unrecht nach Griechenland und verwüsteten Mazedonien.

XI.

Als sodann Burwista über die Goten herrschte, kam Dicineus nach Gotien, zur Zeit da Sulla die Herrschaft bei den Römern an sich riß. Diesen Dicineus nahm Burwista auf und verlieh ihm eine fast königliche Macht. Auf seinen Rat verheerten die Goten die Länder der Germanen, welche jetzt die Franken inne haben. Cäsar aber, der zu allererst das römische Reich sich untertan machte und sich fast die ganze Welt unterwarf und alle Königreiche überwand, ja sogar Inseln, die weit weg vom Festland im Ozean draußen lagen, eroberte und solche, die den

Namen der Römer nicht einmal vom Hörensagen kannten, zinspflichtig machte, konnte, so oft er es auch versuchte, doch nicht die Goten unterwerfen. Schon regierte Gajus Tiberius, der dritte römische Kaiser; aber auch unter seiner Regierung blieben die Goten frei. Das war ihr Glück, das war ihr Vorteil und ihr Wunsch, daß sie alle Vorschriften ihres Beraters Dicineus allein für begehrenswert hielten und diese auf jede mögliche Weise, weil sie ihnen eben nützlich schienen, zu verwirklichen suchten. Da dieser sah, daß sie ihm in allem folgten und auch von Natur wohl begabt waren, so unterrichtete er sie in fast der ganzen Philosophie; denn hierin war er ein erfahrener Meister. Er bildete sie durch die Ethik und milderte so ihre barbarischen Sitten; er unterrichtete sie in der Physik und brachte sie zu einem nach eigenen Gesetzen geregelten, naturgemäßen Leben; diese Gesetze sind jetzt noch bei ihnen geschrieben und heißen Belagines, er lehrte sie Logik und machte sie vor allen Völkern geschickt im Gebrauche ihrer Vernunft; die praktische Philosophie darlegend, wies er sie darauf hin, mit guten Werken ihr Leben zu schmücken; durch den Vortrag der theoretischen leitete er sie auf das Betrachten des Himmels hin und lehrte sie, die Bahnen der zwölf Himmelszeichen und den Weg der Planeten durch dieselben zu beobachten und die ganze Sternkunde zu betreiben; er setzte ihnen auseinander, wie der Mond wächst und abnimmt, und wie weit die feurige Sonnenkugel den Erdkreis an Größe übertrifft, oder er machte ihnen klar, unter welchem Namen oder welcher Bezeichnung die 346 Sterne, die am Himmelsgewölbe auf- und untergehen, von Osten nach Westen jäh hinabsinken. Was muß das für eine Freude gewesen sein, da heldenmütige Männer, wenn sie die Waffen für kurze Zeit ruhen ließen, mit den Lehren der Philosophie erfüllt wurden? Da konnte man sehen, wie der eine nach der Lage des Himmels, der andere nach der Beschaffenheit der Kräuter und Gesträuche forschte, dieser das Ab- und Zunehmen des Mondes, jener Sonnenfinsternisse beobachtete und sich bei der Erklärung beruhigte, wie sie, die nach Osten eilen wollte, durch die kreisförmige Bewegung des Himmelgewölbes erfaßt nach Westen zurückgebracht wird. Solches und vieles andere teilte Dicineus den Goten aus seiner Erfahrung mit und gewann so wunderbar hohes Ansehen bei ihnen, daß er nicht bloß das Volk, sondern sogar die Könige beherrschte. Er wählte aus ihnen die edelsten und klügsten Männer, unterrichtete sie in der Theologie und hieß sie bestimmte Gottheiten und Heiligtümer in Ehren halten und machte sie zu Priestern; diesen gab er den Namen Pilleaten, wahrscheinlich, weil sie beim Opfern das Haupt mit einer Tiara bedeckt hatten, was wir pilleus nennen; das übrige Volk aber befahl er Kapillaten zu heißen, ein Name, den die Goten hochhielten, und dessen sie noch heutzutage in ihren Gesängen gedenken. Als aber Dicineus starb, erwiesen sie dem Komosikus die gleiche Ehre, weil er dieselbe Klugheit besaß. Er galt ihnen wegen seiner Erfahrung für König und Priester zugleich und richtete die Völker mit großer Gerechtigkeit.

XII.

Als auch dieser aus dem Leben schied, bestieg Koryllus als König der Goten den Thron und herrschte über sein Volk in Dazien vierzig Jahre lang - ich meine das alte Dazien, das jetzt bekanntlich die Gepiden bewohnen. Dieses Land, gegenüber von Mösien jenseits der Donau gelegen, wird von einem Kranz von Bergen eigeschlossen und ist nur von zwei Seiten zugänglich, auf der einen Seite über Boutä, auf der andern über Tapä. Dieses Gotien, das man früher Dazien nannte, welches jetzt aber, wie erwähnt, Gepidien heißt, grenzte damals im Osten an die Aroxolanen, im Westen an die Jazygen, im Norden an die Sarmaten und Basterner, im Süden an die Donau. Die Jazygen sind nämlich von den Aroxolanen nur durch den Fluß Aluta getrennt. Und weil ich nun die Donau erwähnt habe, halte ich es nicht für unangemessen, über diesen herrlichen Fluß einiges anzugeben. Er entspringt im Alamannenland und hat in seinem 1 200 000 Schritte langen Lauf von seiner Quelle bis zur Mündung in den Pontus sechzig Nebenflüsse und nimmt sie auf, wie ein Rückgrat, wo sich wie in einem Flechtwerk die Rippen einfügen. Er ist überhaupt der größte Fluß; er heißt in der Sprache der Besser Hister; er hat jedoch keine größere Tiefe als 200 Fuß. Er übertrifft von den übrigen Flüssen alle bei weitem mit Ausnahme des Nils. Soviel von der Donau. Nun wollen wir mit Gottes Hilfe zu unserm Gegenstand zurückkehren, von dem wir abgeschweift sind.

XIII.

Nach langer Zeit, unter der Regierung des Kaisers Domitian, lösten die Goten, die seine Habsucht fürchteten, das Bündnis, das sie vor langer Zeit mit den andern Fürsten geschlossen hatten, vernichteten Soldaten und Feldherrn am Donauufer, das schon lange der römischen Herrschaft gehörte, und verwüsteten dieses. Damals war in dieser Provinz nach Agrippa Oppius Sabinus Statthalter. Bei den Goten aber war Dorpaneus am Ruder, als sie im Krieg die Römer besiegten, dem Oppius Sabinus das Haupt abschlugen, viele feste Plätze und Städte, die dem Kaiser gehörten, angriffen und brandschatzten. Wegen dieser Not der Seinen eilte Domitian mit seiner ganzen Macht nach Illyrikum, und nachdem er an die Spitze der Soldaten fast des ganzen Reichs den Fuskus nebst andern ausgezeichneten Männern gestellt hatte, überbrückte er die Donau durch nebeneinandergestellte Schiffe und zwang seine Soldaten über diese wie über eine Brücke gegen das Heer des Dorpaneus zu ziehen. Aber jetzt zeigten sich auch die Goten nicht lässig; sie griffen zu den Waffen und besiegten beim ersten Zusammenstoß die Römer; Fuskus wurde getötet, und die Schätze im Lager der Soldaten wurden geplündert; weit und breit siegten sie und nannten ihre Edlen, deren Glück sie ihren Sieg verdankten, nicht mehr einfache Menschen, sondern Ansen, das heißt Halbgötter. Die Stammtafel derselben will ich kurz durchgehen: wo ein jeder herstammt, oder woher er seinen Ursprung leitet, und wo er sein Ende fand. Vernimm nun unbefangen, o Leser, mich, der ich die Wahrheit sage.

XIV.

Der erste dieser Helden also war, wie sie selbst in ihren Sagen berichten, Gapt, der den Hulmul zeugte; Hulmul zeugte Augis, Augis aber den, der Amal heißt, von dem der Ursprung der Amaler herrührt; dieser Amal zeugte Hisarna; Hisarna der zeugte Ostrogotha, Ostrogotha zeugte Hunwil; Hunwil zeugte Athal; Athal zeugte Achiulf und Odwulf; Achiulf zeugte Ansila und Ediulf, Wultwulf und Hermenerig; Wultwulf aber zeugte Walarawans, der den Winitharius zeugte; Winithar zeugte den Wandalar, Wandalar zeugte den Thiudimir, Walamir und Widimir; Thiudimir zeugte den Theoderich; Theoderich zeugte die Amalaswintha; Amalaswintha gebar den Athalarich und die Mateswintha ihrem Mann Eutharich, der auf folgende Weise mit ihr verwandt ist. Der oben erwähnte Hermanarich, Sohn des Achiulf, erzeugte den Hunimund; Hunimund aber erzeugte den Thorismund; Thorismund aber zeugte den Berimund;Berimund zeugte den Witerich; Witerich zeugte den Eutharich, der mit Amalaswintha vermählt den Athalarich und die Mateswintha erzeugte; und als Athalarich in jungen Jahren verstorben war, wurde Mateswintha an den Witigis vermählt, von dem sie kein Kind gewann. Sie wurden zusammen von Belesar nach Konstantinopel geführt. Als dann Wigitis aus dem Leben schied, nahm sie der Patrizius Germanus, der Neffe des Kaisers Justinian, zur Gattin und erhob sie zur Patrizierin. Mit ihr zeugte er einen Sohn, der gleichfalls Germanus hieß. Als aber Germanus gestorben war, beschloß sie, Witwe zu bleiben. Wie aber und auf welche Weise das Reich der Amaler zerstört worden ist, das werden wir an seinem Ort, wenn der Herr hilft, zeigen.

Nun aber wollen wir zu unserm Ausgangspunkt zurückkehren und berichten, wie die Reihe des Geschlechtes, wovon wir handeln, das Ziel ihrer Bahn erreicht hat. Der Geschichtschreiber Ablabius nämlich berichtet, daß dort an einem Küstenstrich des Pontus, wo sie, wie erwähnt, in Scythien verweilten, ein Teil derer, die im Osten wohnten, und deren Fürst Ostrogotha war – es ist unsicher, ob von seinem Namen oder von der östlichen Lage – Ostrogoten genannt worden seien, die übrigen aber Wesegoten von der westlichen Lage.

XV.

Von Ihnen haben wir schon erwähnt, daß sie über die Donau gingen und eine Zeitlang in Mösien und Thrazien lebten. Aus ihren Resten stammte auch Maximinus, Kaiser nach Alexander, dem Sohn der Mammäa. Denn, wie Symmachus im fünften Buch seiner Geschichte sagt, als der Kaiser Alexander gestorben war, wurde vom Heer Maximinus zum Kaiser gemacht, ein Mann von sehr niederer Abkunft aus Thrazien; sein Vater war ein Gote namens Mikka, seine Mutter eine Alanin, die Ababa hieß. Er regierte drei Jahre lang; als er aber gegen die Christen seine Waffen richtete, verlor er zugleich Herrschaft und Leben. Er kam unter der Regierung des Kaisers Severus, gerade als dieser den Geburtstag seines Sohnes feierte, nach seinem Knabenalter und einem Leben unter den Bauern von der Viehweide zum Kriegsdienst. Der Fürst nämlich hatte gerade Soldatenspiele gegeben. Als dies Maximinus sah, bat er, wiewohl er ein junger Halbbarbar war, den Kaiser in seiner Muttersprache, er möge es ihm verstatten, mit erprobten Soldaten um den ausgesetzten Preis zu ringen. Severus, der seine hohe Gestalt sehr bewunderte – er war, wie man erzählt, mehr als 8 Fuß hoch – befahl ihm aus Besorgnis, seinen Kriegern möchte von dem ungeschlachten Mann ein Leid zugefügt werden, mit Troßknechten sich im Ringkampf zu versuchen. Da warf Maximin sechzehn Troßknechte mit großem Glück zu Boden, ohne sich nach Besiegung der einzelnen zum Erholen Ruhe zu gönnen. Nachdem er diese Preise erhalten, wurde er auf Befehl des Kaisers zum Kriegsdienst genommen und diente zuerst zu Pferd. Drei Tage darauf, als der Kaiser auf den Exerzierplatz ritt, sah er ihn ausgelassen nach Barbarenart und befahl dem Tribunen, ihn streng zu halten und an die römische Kriegszucht zu gewöhnen. Sobald aber Maximin merkte, daß der Fürst von ihm sprach, ging er auf ihn zu und begann zu Fuß ihm, dem reitenden, vorauszugehen. Da spornte der Kaiser sein Pferd zu ausdauerndem Laufe und verfolgte ihn in vielen Kreisen reitend hierhin und dorthin in allerlei Krümmungen, bis er müde ward; hierauf sprach er zu jenem: „Willst du vielleicht, mein Thraker, nach dem Lauf noch ringen?" Und er antwortete: „So viel dir beliebt, mein Kaiser". Hierauf sprang Severus vom Pferd und befahl, daß noch ganz frische Soldaten mit ihm kämpften. Er aber warf sieben der stärksten Männer zu Boden, ohne dazwischen auszuschnaufen, und wurde allein vom Kaiser mit silbernen Ehrenzeichen und einer goldenen Halskette belohnt. Dann wurde er auf des Kaisers Befehl in die kaiserliche Leibwache eingereiht. Später wurde er unter Antoninus Karakalla Zugführer, erwarb sich durch häufige Heldentaten immer größern Ruhm und trug als Preis für seine Tapferkeit nach mehreren Offiziersstellen auch den Zenturiat davon. Als jedoch später Makrinus auf den Thron kam, entsagte er dem Kriegsdienst fast drei Jahre lang; und obwohl er den Rang eines Tribunen hatte, ließ er sich doch nie vor Makrin sehen, da er eine solche Herrschaft für nichtswürdig hielt, die durch Freveltaten erlangt worden war. Zu Heliogabal, als dem Sohn des Antoninus, kehrte er darauf zurück und übernahm seine Tribunenstelle; später kämpfte er unter Alexander, dem Sohn der Mammäa, mit wunderbarem Erfolg gegen die Parther. Als dieser bei einem Soldatenaufstand in Mainz ermordet worden war, wurde er selbst ohne Beschluß des Senats durch die Wahl des Heeres

Kaiser, als welcher er alles Gute, was er getan, durch seine Christenverfolgung schmählich in den Staub zog. Als er bei Aquileja von Puppio ermordet worden war, hinterließ er das Reich dem Philippus. Wir aber haben deshalb diesen Bericht aus der Geschichte des Symmachus für unser Werkchen entnommen, um zu zeigen, daß das Volk, von dem wir handeln, bis zur Höhe eines römischen Herrschers gestiegen ist. Übrigens erfordert unser Gegenstand, daß wir zu unserm Ausgangspunkt zurückkehren.

XVI.

Dieses Volk tat sich ganz besonders in der Gegend, wo es sich aufhielt, das heißt auf der scythischen Seite des Pontus, hervor, da es so weite Länderstrecken, so viele Meerbusen, so weite Flußgebiete unangefochten besaß. Oft unterlag der Wandale seiner Hand, der Markomannewar zinspflichtig, die Fürsten der Quaden wurden unterworfen. Als der obenerwähnte Philipp die Römer beherrschte, der allein mit Philipp, seinem Sohn, vor Konstantin Christ war, während dessen zweitem Regierungsjahr Rom sein tausendstes Jahr vollendete, wurden die Goten, wie es zu gehen pflegt, da sie über die Entziehung der Jahresgelder ergrimmten, aus Freunden Feinde. Denn obgleich sie fern unter ihren Königen lebten, waren sie doch Verbündete des römischen Staates und erhielten dafür jährlich bestimmte Gaben. Zuletzt ging Ostrogotha mit den Seinen über die Donau und verwüstete Mösien und Thrazien. Ihn wieder zurückzutreiben, wurde von Philipp der Senator Decius beauftragt. Da dieser gegen die Goten nichts ausrichtete, entließ er seine Soldaten von den Fahnen und nötigte sie, ins Privatleben zurückzukehren, als ob die Goten infolge ihrer Nachlässigkeit über die Donau gekommen wären, und nachdem er solche Strafe über die Seinen verhängt hatte, kehrte er zu Philipp zurück. Als aber seine Soldaten sich nach so vielen Mühen aus dem Kriegsdienst entlassen sahen, nahmen sie voll Entrüstung zum Gotenkönig Ostrogotha ihre Zuflucht. Dieser nahm sie auf, und durch ihre Reden ermutigt, führte er alsbald 300 000 Bewaffnete von seinem Volk ins Feld; dazu nahm er einige Taifalen und Asdinger, aber auch 3000 Karpen, ein gar kriegerisches

Volk, das oft mit den Römern in Feindschaft lag; nachmals aber besiegte sie unter die Regierung des Diokletianus und des Maximianus der Kaiser Galerius Maximinus und unterwarf sie dem Römischen Reich. Dazu nahm er noch Goten und Peuciner von der Insel Peucä, die an der Mündung der Donau am Pontus liegt. Den Argaith und Guntherich, die vornehmsten in seinem Volk, ernannte er zu Feldherren. Hierauf durchwateten sie die Donau, verheerten Mösien zum zweitenmal und griffen Marcianopolis, die berühmte Hauptstadt dieses Landes, an, ließen jedoch nach langer Belagerung, als sie von den Einwohnern Geld erhalten hatten, davon ab. Und weil wir nun Marcianopolis genannt haben, so wollen wir einiges wenige über seine Lage einschieben. Diese Stadt hat nämlich, wie man berichtet, der Kaiser Trajan gebaut aus folgendem Grund. Ein Mädchen seiner Schwester Marcia ließ beim Bad in den Fluß Potamus, der sehr helles und wohlschmeckendes Wasser hat und mitten in der Stadt entspringt, als sie Wasser schöpfen wollte, zufällig den goldenen Becher, den sie bei sich hatte, in die Tiefe fallen, wohin ihn das Gewicht des Metalls hinabzog; lange darnach aber kam er wieder an die Oberfläche; das war doch etwas ganz Ungewöhnliches, erstens daß ein leerer Becher untersank, und dann daß er, nachdem er einmal von den Wellen verschlungen war, von den Wellen ausgespien wurde und an der Oberfläche schwamm. Als dies Trajan zu seiner großen Verwunderung vernahm, glaubte er, daß in der Quelle eine Gottheit wohne, gründete die Stadt und gab ihr nach seiner Schwester den Namen Marcianapolis.

XVII.

Sodann begab sich der Gete, wie wir berichteten, nach einer langen Belagerung reichbeschenkt in seine Heimat. Als aber das Volk der Gepiden sah, wie er auf einmal überall siegreich auftrat und mit Beute bereichert ward, erhob es aus Neid die Waffen gegen seine Stammesverwandten. Wenn du aber erfahren willst, wie Geten und Gepiden stammesverwandt sind, so will ich es kurz berichten. Du mußt dich erinnern, daß ich schon am Anfang erzählt habe, die Goten seien mit ihrem König Berich aus dem Schloß der Insel Skandza aufgebrochen und auf nur drei Schiffen zum diesseitigen Ufer des Ozeans, das heißt, nach Gothiskandza, gekommen. Von diesen drei Schiffen soll eines, weil es, wie es ja oft vorkommt, später ankam, dem Volk den Namen gegeben haben. Denn in ihrer Sprache heißt träge gepanta. Daher kam es, daß sie allmählich und in verderbter Form von diesem Scheltwort den Namen Gepiden erhielten. Denn unzweifelhaft leiten auch sie aus der Goten Geschlecht ihren Ursprung her. Weil aber, wie gesagt, *gepanta* etwas Träges und Langsames bedeutet, so entstand als ein willkommenes Schimpfwort daraus der Name Gepiden, der auch nicht ganz unpassend sein dürfte. Denn sie sind trägen Geistes und schwerfällig in bezug auf Körperbewegung. Während also diese Gepiden von Neid gestachelt in Spesis auf einer Insel, die rings von den Untiefen der Viskla umgeben ist, verweilten, die sie in ihrer Sprache Gepidoios nannten – nun bewohnt, wie man sagt, das Volk der Wiwidarier diese Insel, während sie selbst in bessere Länder gegangen sind. Diese Wiwidarier haben sich aus verschiedenen Völkern wie an einem Zufluchtsort dort gesammelt und bildeten so ein eigenes Volk –, da also rief der Gepidenkönig Fastida, wie gesagt, sein ruhiges Volk auf und erweiterte mit den Waffen das väterliche Gebiet. Die Burgundzonen schlug er fast bis zur Vernichtung und besiegte noch manche andere Völker. Auch die Goten forderte er ohne Grund zum Kampf heraus und verletzte so das frühere Bündnis der Blutsverwandtschaft durch seine unerträgliche Streitsucht; und indem er in seinem hochfahrenden Übermut seinem wachsenden Volk immer mehr Land zu erobern begann, machte er die Zahl der Bewohner der Heimat immer kleiner. Er schickte Gesandte an Ostrogotha, unter dessen Herrschaft noch sowohl die Ostrogoten wie die Wesegoten, das heißt die beiden Stämme dieses Volkes, standen, und beklagte sich, daß er von schroffen Gebirgen eingeschlossen sei und von dichten Wäldern eingepfercht; er verlangte also von zweien das eine: er solle entweder Krieg oder Land für ihn bereit halten. Da antwortete Ostrogotha, der Gotenkönig, wie er denn ein Mann von festem Sinn war, den Gesandten, er verabscheue zwar einen solchen Krieg; es werde ihn hart ankommen, und es sei durchaus gottlos, mit Verwandten zu kämpfen; aber Land räume er nicht ein. Kurz – die Gepiden schlugen los, und um nicht für den Schwächeren zu gelten, rief auch Ostrogotha seinen Heerbann gegen sie auf. Bei der Stadt Galtis, wo der Fluß Auha vorbeifließt, stießen sie aufeinander, und es wurde mit großer Tapferkeit auf beiden Seiten gestritten, weil beide gleiche Bewaffnung und gleiche Kampfesart hatten. Aber ihre bessere Sache und ihre Ausdauer half den Goten. Als endlich ein Teil der Gepiden zum Weichen gebracht war, trennte die Nacht die Schlacht. Da ließ Fastida, der König der Gepiden, die

Leichen der Seinigen zurück und eilte der Heimat zu, von ebenso großer Schmach und Schande niedergedrückt, als er vorher von Übermut aufgeblasen war. Auch die siegreichen Goten, zufrieden mit dem Abzug der Gepiden, kehrten zurück und genossen in ihrer Heimat glücklichen Frieden, so lange Ostrogotha ihr Oberhaupt war.

XVIII.

Nach seinem Tod teilte Kniwa das Heer in zwei Teile; die einen schickte er ab, um Mösien zu verwüsten, da er wußte, daß es durch die Nachlässigkeit seiner Herrscher von Verteidigern entblößt sei. Er selbst zog mit 70000 Mann nach Euscia, das ist Novä, hinauf. Hier durch den Feldherrn Gallus zurückgewiesen, rückte er nach Nikopolis, einer wohlbekannten Stadt am Jatrusfluß; diese hat Trajan nach Besiegung der Sarmaten erbaut und sie die Siegesstadt genannt. Als hier unvermutet der Kaiser Decius ankam, zog sich Kniwa endlich zurück in die Gebirge des Hämus, die nicht fern davon waren; von hier eilte er, nachdem er die erforderlichen Gerätschaften besorgt hatte, nach Philippopel. Als der Kaiser Decius seinen Abzug erfuhr, zog er, da er seiner Stadt zu Hilfe kommen wollte, über das Hämusgebirge und kam nach Beroa. Während er hier die Rosse und sein müdes Heer ausruhen ließ, fiel plötzlich Kniwa mit seinen Goten wie der Blitz über sie her, und nachdem er das römische Heer geschlagen hatte, jagte er den Kaiser mit den wenigen, die entkommen konnten, wieder Euscia zu über die Alpen nach Mösien, wo damals Gallus als Grenzhüter mit einer großen Kriegsmacht weilte; er sammelte hierauf von hier wie von Uskus sein Heer und rüstete sich für einen kommenden Kampf. Kniwa aber eroberte nach langer Belagerung Philippopel, bemächtigte sich der Beute und verbündete sich mit dem Befehlshaber Priskus, der drinnen war, um mit ihm gegen Decius zu kämpfen. Als es zum Kampf kam, durchbohrten sie gleich des Decius Sohn mit einem Pfeil und bereiteten ihm so einen grausamen Tod. Als dies der Vater bemerkte, soll er, um den Mut seiner

Leute zu heben, gesagt haben: „Keiner trauere hierum; der Verlust eines einzelnen Soldaten ist kein Verlust für den Staat!“ Gleichwohl drang er, da er es in seinem Vatergefühl nicht ertragen konnte, auf die Feinde ein, um entweder zu sterben, oder seinen Sohn zu rächen; und als er nach Abrittus, einer Stadt Mösiens kam, wurde er von den Goten umzingelt und getötet und machte so seiner Herrschaft und seinem Leben ein Ende. Dieser Platz heißt noch heute der Altar des Decius, weil er dort vor der Schlacht den Götzen sonderbare Opfer dargebracht hatte.

XIX.

Als Decius tot war, bemächtigten sich Gallus und Volusianus der Herrschaft über die Römer. Damals verwüstete auch eine Pest fast gleich der Not, wie wir sie vor neun Jahren, durchgemacht haben, das Aussehen des ganzen Erdkreises, besonders aber richtete sie in Alexandria und ganz Ägypten große Verheerungen an, wie der Geschichtschreiber Dionysius unter Tränen über dieses Unglück berichtet; dies hat auch unser verehrungswürdiger Blutzeuge Christi, der Bischof Zyprian, in einem Buch beschrieben, welches den Titel trägt „Über die Sterblichkeit". Damals riß auch ein gewisser Ämilianus, da die Goten wegen der Nachlässigkeit der Kaiser wiederholt Mösien verwüsteten, als er sah, daß dieses ungestraft hingehe und von niemand ohne großen Aufwand von seiten des Staates verhindert werden könne, in der Meinung, daß ihm dies ebenso gelingen werde, die Herrschaft in Mösien an sich; und nachdem er alle Soldaten an sich gezogen hatte, fing er an, die Städte und das Landvolk auszuplündern. Während gegen diesen innerhalb weniger Monate die Menge der Zurüstungen immer mehr anwuchs, hatte er gegen den Staat nicht geringes Unheil im Sinn, doch wurde er fast gleich bei Beginn seines verruchten Unternehmens überwältigt und verlor zugleich sein Leben und die Herrschaft, wonach er so gierig getrachtet. Die obenerwähnten Kaiser Gallus und Volusianus aber herrschten, wenn sie auch schon nach einer Regierung von kaum zwei Jahren aus der Welt schieden, doch während dieser zwei Jahre ihrer Herrschaft überall in Frieden, überall beliebt. Nur einen Mißstand hatte man an ihrem Glück auszusetzen, die allgemeine Pest; aber dies tun nur gedankenlose Verleumder, die das Leben anderer mit kleinlicher Schmähsucht zu bemäkeln pflegen. Diese also schlossen bald nach ihrem Regierungsantritt mit den Goten ein Bündnis. Nicht lange nachher aber, als beide Herrscher starben, riß Gallienus die Macht an sich.

XX.

Da dieser sich allen Ausschweifungen hingab, nahmen Respa, Weduko und Tharwaro, die Anführer der Goten, Schiffe und segelten über den Hellespont nach Asien hinüber. In dieser Provinz verheerten sie viele Städte, steckten auch den berühmten Tempel der Diana in Ephesus, den, wie wir oben erwähnten, die Amazonen gebaut hatten, in Brand. Dann kamen sie nach Bithynien und zerstörten hier Chalcedon, welches später Kornelius Avitus teilweise wieder aufgebaut hat. Auch heute bewahrt dieses, wenn es sich auch der Nachbarschaft der Königstadt erfreut, doch noch einige Zeichen von seiner früheren Zerstörung zur Kunde für die Nachwelt. Mit solchem Glück gleich bei ihrem Eintritt in Asien plünderten und raubten die Goten; hierauf gingen sie wieder zurück über den Hellespont und verwüsteten unterwegs Troja und Ilium, die, als sie sich kaum ein wenig von jenem Krieg Agamemnons erholt hatten, wieder von Feindesschwert zerstört wurden. Nach solchen Verheerungen in Asien bekam Thrazien ihre Wildheit zu fühlen. Hier bemächtigten sie sich der Stadt Anchialos, die am Fuß des Hämus in der Nähe des Meeres gelegen, einst vom Partherkönig Sardanapal gegründet worden war. Sie sollen viele Tage dort geblieben sein und sich der Bäder in dem warmen Wasser erfreut haben, welche am zwölften Milienstein von Anchialos liegen. Diese sprudeln aus der Tiefe des feurigen Quells hervor, und unter den übrigen unzähligen warmen Bädern auf der ganzen Welt sollen sie ganz besonders wirksam sein, die Kranken zu stärken.

XXI.

Als sie sodann in ihre Heimat zurückgekehrt waren, wurden sie bald darauf von dem römischen Kaiser Maximian um Beistand gegen die Parther ersucht, worauf sie Hilfstruppen sandten und treulich mitkämpften. Als aber Kaiser Maximian sozusagen nur mit ihrer Hilfe den Narseus, den König der Parther, Enkel Sapors des Großen, verjagt, seine gesamten Schätze erbeutet, seine Weiber und Söhne zu Gefangenen gemacht; als ferner Diokletian den Achilles in Alexandria überwunden und Maximianus Herkulius in Afrika die Quinquegentianer vernichtet hatte, – da achteten sie, da sie dem Staat Frieden geschafft hatten, die Goten nicht mehr. Und doch kämpfte das römische Heer schon lange nur mit Mühe gegen andere Völker, wenn sie nicht dabei waren. Denn es ist ja offenbar, wie oft ihr Beistand angerufen wurde. So wurden sie auch unter Konstantins Regierung um Hilfe gebeten und zogen gegen dessen Verwandten, den Licinius. Sie besiegten ihn, schlossen ihn in Thessalonika ein, beraubten ihn der Herrschaft und töteten ihn im Dienst des Siegers Konstantin. Auch zu der Gründung der hochberühmten Nebenbuhlerin Roms, die er nach seinem Namen benannte, waren die Goten behilflich, die mit dem Kaiser ein Bündnis schlossen und ihm 40000 der Ihrigen gegen jedes beliebige Volk als Beistand stellten. Ihre Heeresteile und Krieger werden noch bis auf den heutigen Tag im Reich als „Verbündete“ angeführt. Denn damals blühte ihr Gemeinwesen unter der Herrschaft ihrer beiden Könige Ariarich und Aorich. Nach deren Dahinscheiden folgte Geberich in der Regierung, ausgezeichnet durch Tapferkeit und Abstammung.

XXII.

Dieser, der Sohn des Hilderith, Enkel des Owida, Urenkel des Nidada, glänzte durch Ruhmestaten nicht minder als durch seine Abstammung; er suchte gleich im Anfang seine Herrschaft auch auf die Wandalen auszudehnen gegen Wisimar, den König derselben. Dieser stammte aus dem Geschlecht der Asdinger, das unter ihnen eine glänzende Stellung einnimmt und ein höchst kriegerisches Geschlecht ist nach dem Zeugnis des Geschichtschreibers Deuxippus; dieser berichtet auch, daß sie wegen der weiten Entfernung kaum in Jahresfrist vom Ozean bis an unsere Grenzen gekommen seien. In dieser Zeit wohnten sie, wo jetzt die Gepiden sitzen, an den Flüssen Marisia, Miliare, Gilpil und Grisia, der die vorhergenannten Flüsse alle an Größe übertrifft. Im Osten begrenzte sie damals der Gote, im Westen der Markomanne, im Norden der Hermundole, im Süden der Hister, der auch Danubius heißt. Während ihres dortigen Aufenthaltes also wurde den Wandalen vom Gotenkönig Geberich Krieg angekündigt am Ufer des erwähnten Marisiaflusses; und nicht lange wurde mit gleichem Glück gekämpft. In kurzer Zeit lag der Wandalenkönig Wisimar mit einem Teil seines Volkes auf der Walstatt. Geberich aber, der ausgezeichnete Anführer der Goten, kehrte, nachdem er die Wandalen besiegt und ausgeplündert, nach Hause zurück, von wo er gekommen war. Da sammelten einige wenige Wandalen, die entkommen waren, die Schar der ihrigen, die nicht waffenfähig waren, verließen ihre unglückliche Heimat und baten den Kaiser Konstantin um Pannonien, wo sie ungefähr sechzig Jahre lang, nachdem sie dort Wohnsitze erhalten hatten, als Untertanen den Befehlen der

Kaiser gehorchten. Von hier aus besetzten sie lange Zeit nachher, von Stiliko, dem Heermeister, gewesenen Konsul und Patrizius eingeladen, die gallischen Provinzen, wo sie bei ihren Plünderungszügen gegen ihre Nachbarn wenig feste Wohnsitze hatten.

XXIII.

Als der Gotenkönig Geberich aus diesem Leben geschieden war, folgte einige Zeit nachher Hermanarich, der berühmteste unter den Amalern, in der Regierung nach, der viele kriegstüchtige Völker des Nordens bezwang und nach seinen Gesetzen zu leben nötigte. Nicht mit Unrecht haben ihn einige unter den früheren mit Alexander dem Großen verglichen. Denn er hatte seinem Szepter unterworfen die Golthescytha, die Thiuden, die Inaunxer, die Wasinabronken, Merens, Mordens, Imniskaren, Rogas, Tadzans, Athaul, Navego, Bubegenas und Koldas. Als er aber berühmt war durch die Unterwerfung so vieler, duldete er es nicht anders, als daß er auch von dem Volk der Heruler, deren Führer Halarich war, nachdem er es größtenteils vernichtet hatte, den Rest seiner Botmäßigkeit unterwarf. Dieses Volk, das, wie der Geschichtschreiber Ablavius berichtet, von seinem Wohnsitz in den morastigen Ebenen längst des Mäotischen Sumpfes, welche die Griechen ele nennen, seinen Namen Helurer bekam, ist wegen seiner Behendigkeit gar übermütig. Es gab nämlich damals kein Volk, das nicht aus ihnen die Leichtbewaffneten für sein Heer ausgewählt hätte. Aber wenn auch ihre Schnelligkeit ihnen in anderen Kriegen häufig Rettung brachte –, der Festigkeit und Langsamkeit der Goten unterlag sie, und das Schicksal wollte es, daß auch sie zu den übrigen Völkern dem Gotenkönig Hermanarich dienten. Nach der Besiegung der Heruler rückte der nämliche Hermanarich gegen die Veneter, die, wenngleich man sie als Krieger verachtete, doch, durch ihre Zahl stark, anfangs Widerstand zu leisten versuchten. Aber nichts vermag die Menge der Feigen, besonders wenn Gott es zugibt, und ein zahlreiches Heer gegen sie anrückt. Diese, die, wie wir am Anfang unserer Darstellung, das heißt im Völkerverzeichnis, auseinandergesetzt haben, von *einem* Stamm entsproßten, haben jetzt drei Namen: Veneter, Anten und Sklawenen. Sie wüten jetzt überall wegen unserer Sünden; damals jedoch dienten sie alle dem Hermanarich. Ebenso unterwarf er auch das Volk der Ästen, die weithin die Küsten des germanischen Ozeans bewohnen; durch Klugheit und Tapferkeit, und herrschte über alle Völker Scythiens und Germaniens, wie über seine eigenen Untertanen.

XXIV.

Nach nicht langer Zeit, wie Orosius berichtet, brach das Volk der Hunnen, das über alle Begriffe roh und wild ist, gegen die Goten los. Über ihren Ursprung haben wir folgenden Bericht vom Altertum überkommen. Filimer, König der Goten, Sohn Gadarichs des Großen, nach der Auswanderung aus der Insel Skandza der fünfte Beherrscher der Geten, der auch, wie oben von uns berichtet wurde, mit seinem Volk nach Scythien zog, erfuhr von dem Aufenthalt gewisser Zauberweiber in seinem Volk, die er selbst in seiner Muttersprache Halirurunnen nennt. Da er sie für verdächtig hielt, vertrieb er sie und nötigte sie, fern von seinem Heer in Einöden umherzuirren. Dort wurden sie von unreinen Geistern, als sie in der Wüste umherschweiften, erblickt; diese begatteten sich mit ihnen und umarmten sie, und so entstand dieses wilde Geschlecht. Zuerst hielten sie sich zwischen den Sümpfen auf, ein unansehnliches, häßliches und kleines, kaum menschenähnliches Geschlecht, an keiner Sprache erkenntlich außer an einem Etwas, das den Schein einer menschlichen Sprache durchblicken ließ. Diese Hunnen also, von solchem Ursprung, näherten sich dem Gebiet der Goten. Ihr wilder Stamm saß, nach dem Bericht des Geschichtschreibers Priskus, auf der jenseitigen Küste des Mäotischen Sumpfmeeres, ohne irgendeine Beschäftigung zu kennen außer der Jagd; nur daß sie, nachdem sie zu einem Volk herangewachsen waren, die Ruhe ihrer Nachbarvölker durch Raub und Hinterlist beeinträchtigten. Als – wie es so geht – Männer von diesem Volk auf die Jagd auszogen an der inneren Küste der Mäotis, bemerkten sie, wie unversehens eine Hindin sich zeigte, die in den

Sumpf ging und bald weiterschreitend, dann wieder haltend, ihnen den Wegweiser machte. Die Jäger folgten ihr und gingen zu Fuß durch das Mäotische Sumpfmeer, das sie bisher wie ein wirkliches Meer für undurchgänglich gehalten hatten. Darnach, als scythischer Boden den Landfremden vor Augen lag, verschwand die Hindin. Dies hatten meiner Meinung nach jene Geister, von denen sie entsprossen sind, aus Feindschaft gegen die Scythen getan. Jene Hunnen aber, die bisher nicht gewußt, daß es noch eine andere Welt gebe außer der Mäotischen, wurden von Bewunderung über das scythische Land ergriffen und, scharfsinnig wie sie sind, meinten sie, dieser niemanden vorher bekannte Weg sei ihnen durch göttliche Fügung gezeigt worden. Sie kehrten zu den ihrigen zurück, berichteten ihnen den Verlauf der Sache, rühmten Scythien, überredeten ihr Volk und eilten auf dem Weg, den sie unter Führung der Hindin kennen gelernt hatten, nach Scythien, brachten alle, denen sie beim Zug nach Scythien begegneten, als Siegesopfer dar, die übrigen unterwarfen sie. Hierauf überschritten sie jenen ungeheuern Sumpf, rissen sogleich wie eine Art Völkerwirbelwind die Alcildzuren, Itimaren, Tunkarser und Boisker, welche die Küste in jenem Teil von Scythien bewohnten, mit sich fort. Auch die Halanen, die ihnen im Kampf gewachsen, an Gesittung aber, Lebensweise und Schönheit des Körperbaus verschieden waren, suchten sie mit wiederholten Kämpfen heim und unterwarfen sie. Denn auch die, welchen sie im Krieg vielleicht nicht überlegen waren, erfüllten sie mit Entsetzen durch das Schreckliche ihres Anblicks und jagten sie durch ihr furchtbares Aussehen in die Flucht; sie hatten nämlich ein schreckliches, schwärzliches Ansehen und, wenn man so sagen darf, gewissermaßen einen abscheulichen Klumpen und kein Gesicht, eher Punkte als Augen. Ihre Verwegenheit verrät schon ihr grimmiger Anblick, da sie sogar gleich am Tag der Geburt ihren Kindern ihre Grausamkeit zeigen. Denn den männlichen durchschneiden sie mit Eisen die Wangen, um sie, noch ehe sie Milch genießen, Wunden ertragen zu lehren. Daher bleiben sie bartlos bis in ihr Alter und erreichen das Mannesalter ohne Bartschmuck, weil das von Schnitten durchfurchte Gesicht die rechtzeitige Verschönerung des Bartwuchses durch die Narben verhindert. Sie sind unansehnlich, aber flink und ausgezeichnete Reiter. Sie sind breitschulterig und geübt für Bogen und Pfeile; ihr Nacken ist stark und immer emporgerichtet vor Stolz. In der Gestalt von Menschen leben sie in tierischer Wildheit.

Als die Geten dieses kampfrüstige Volk, das schon viele Stämme vernichtet hatte, sahen, erschraken sie und berieten sich mit ihrem König, wie sie sich einem solchen Feind entzögen. Zwar hatte der Gotenkönig Hermanarich, wie wir oben berichtet haben, über viele Völker triumphiert; als er sich jedoch Gedanken machte wegen der Ankunft der Hunnen, gelang es dem treulosen Volk der Rosomonen, das ihm damals mit andern untertan war, ihn auf folgende Weise zu hintergehen. Als er eine Frau namens Sunilda aus eben diesem Volk im Zorn über die trügerische Flucht ihres Mannes hatte an wilde Pferde binden und so auseinanderreißen lassen, rächten ihre Brüder Sarus und Ammius der Schwester Tod und stachen dem Hermanarich mit dem Schwert in die Seite. Infolge dieser Wunde schleppte dieser bei siechem Körper ein elendes Dasein dahin. Die Zeit der Krankheit des Königs benutzte der Hunnenkönig Balamber und rückte mit einem schlagfertigen Heer in das Gebiet der Ostrogoten ein, von denen die Wesegoten infolge gegenseitiger Eifersucht getrennt waren. Da starb Hermanarich, der ebenso wenig den Schmerz seiner Wunde, als die Einfälle der Hunnen ertragen konnte, hochbetagt und lebenssatt im 110. Lebensjahr. Sein Tod gab den Hunnen die Übermacht über die Goten, die, wie erwähnt, im Osten saßen und Ostrogoten hießen.

XXV.

Die Wesegoten, das heißt jene andern Genossen derselben und Bewohner des westlichen Landes, aufgeschreckt durch die Furcht ihrer Stammesverwandten, waren unschlüssig, was sie wegen der Hunnen tun sollten. Nach reiflicher Erwägung schickten sie endlich nach gemeinsamem Beschluß Gesandte nach dem Römischen Reich zu Kaiser Valens, dem Bruder Valentinians des Ältern, mit der Bitte, er solle ihnen einen Teil Thraziens oder Mösiens zum Anbau anweisen; dafür würden sie nach seinen Gesetzen leben und sich seiner Herrschaft unterwerfen. Und um mehr Zutrauen zu finden, versprachen sie Christen zu werden, wenn man ihnen nur Lehrer, die ihre Sprache verständen, geben wolle. Als Valens dies erfuhr, stimmte er gleich freudig zu, da er selbst hierum hatte nachsuchen wollen. Er nahm die Geten in Mösien auf und errichtete dort in ihnen sozusagen eine Mauer seines Reiches gegen die übrigen Völker. Weil nun damals Valens von dem treulosen Abfall der Arianer angesteckt war und alle Kirchen unserer Partei geschlossen hatte, so schickte er Anhänger seiner Partei als Prediger zu ihnen. Diese flößten ihnen denn, da ihre Schüler unerfahren waren und nichts verstanden, das Gift des falschen Glaubens ein. So wurden auch die Wesegoten vom Kaiser Valens vielmehr zu Arianern als zu Christen gemacht. Später brachten diese den Ostrogoten und den Gepiden, ihren Verwandten, aus Liebe das Evangelium und lehrten sie die Verehrung dieser Irrlehre. So luden sie das ganze Volk dieser Sprache zur Annahme dieses falschen Glaubens ein. Sie selbst gingen, wie gesagt, über die Donau und ließen sich in Uferdazien, Mösien und den thrazischen Provinzen mit des Kaisers Erlaubnis nieder.

XXVI.

Da geschah es, wie gewöhnlich bei noch nicht recht seßhaften Völkern, daß Hungersnot unter ihnen ausbrach. Daher ersuchten ihre Fürsten und Herzöge, die über sie statt der Könige herrschten, nämlich Fritigern, Alatheus und Safrak, aus Mitleid mit ihrem bedrängten Heere die römischen Heerführer Lupicinus und Maximus um Eröffnung eines Marktes. Aber wozu treibt nicht der „verruchte Hunger nach Gold"? Aus Habsucht verkauften diese Heerführer nicht nur Fleisch von Schafen und Rindern, sondern bald auch von verendeten Hunden und unreinen Tieren zu hohen Preisen, so daß sie einen Sklaven gegen einen einzigen Laib Brot, oder 10 Pfund gegen ein Stück Fleisch eintauschten. Als aber den Goten die Sklaven und die Gerätschaften ausgingen, forderte der habgierige Kaufmann bei der drückenden Not die Söhne als Zahlung. Indem die Eltern diese hergaben, sorgten sie nur für das Wohl ihrer Kleinen. Denn sie hielten es für besser, daß sie ihre Freiheit, als daß sie ihr Leben verlören, wenn nämlich einer lieber aus Barmherzigkeit verkauft wird, wo er doch Nahrung erwarten kann, als für den Hungertod aufbewahrt. In jener Zeit der Drangsal begab es sich, daß Lupicinus, der Anführer der Römer, den Gotenhäuptling Fritigern zu einem Gastmahl einlud und ihm, wie der Ausgang zeigte, nach dem Leben trachtete. Fritigern, der keine Arglist befürchtete, kam von wenigen begleitet zum Mahle. Während er aber im Feldherrnzelt speiste, hörte er das Geschrei der Seinigen, die elend ermordet wurden. In einem andern Teil des Hauses nämlich suchten Soldaten des Feldherrn auf dessen Befehl die Gefährten Fritigerns, welche man eingeschlossen hatte, zu töten, und das laute Aufschreien der Sterbenden drang bis zu den schon argwöhnischen Ohren. Sogleich erkannte Fritigern den offenbaren Trug. Er zog sein Schwert aus der Scheide und entkam mit großer Verwegenheit und Schnelligkeit von dem Gastmahl, entriß die Seinigen dem drohenden Tod und trieb sie zur Ermordung der Römer. So hatten die kriegstüchtigen Männer die erwünschte Gelegenheit gefunden, eher im Krieg als durch Hunger umzukommen, und sogleich waffneten sie sich, um Lupicinus und Maximus zu töten. Jener Tag nahm den Goten den Hunger und den Römern die Sicherheit. Nunmehr begannen die Goten nicht mehr als Fremdlinge und Ausländer, sondern als Bürger und Herren über die Besitzer des Landes zu herrschen und den ganzen Norden des Landes bis an die Donau in ihrem Besitz zu halten. Als Kaiser Valens dies in Antiochia erfuhr, machte er rasch sein Heer kriegsfertig und zog nach Thrazien zu Felde. Hier kam es zu einer jammervollen Schlacht; darin siegten die Goten; der Kaiser floh verwundet nach einem Bauerngut bei Adrianopel. Hier wurde er, als die Goten, ohne zu wissen, daß der Kaiser in einer so geringen Hütte sich verbarg, wie es gewöhnlich der Feind in seiner Wut tut, Feuer dran legten, mit seinem königlichen Pomp verbrannt. Dies war ganz nach Gottes Gericht, daß er von denen mit Feuer verbrannt wurde, die er, als sie um den wahren Glauben baten, zum falschen Glauben verführt hatte, und denen er das Feuer der Liebe in das Feuer der Hölle verwandelt hatte. Damals nach solchem Siegesruhm begannen die Wesegoten die beiden Thrazien und Uferdazien, wie wenn sie sich des angestammten Bodens bemächtigt hätten, zu bewohnen.

XXVII.

Als aber Theodosius von Spanien her von Gratian zum Kaiser erwählt worden und im östlichen Reich dem Valens, seinem Oheim von Vaterseite, nachgefolgt war, kam die Manneszucht unter den Soldaten bald in einen bessern Stand. Darum bekam der Gote, als er die Faulheit und Nachlässigkeit der früheren Fürsten entfernt sah, Furcht. Denn der Kaiser, durch Scharfsinn, Tüchtigkeit und Umsicht gleich ausgezeichnet, spornte durch strenge Dienstvorschriften, durch Freigebigkeit und Gunstbezeigungen sein entmutigtes Heer zu tapferen Taten an. Als aber die Soldaten unter einem neuen, bessern Fürsten Selbstvertrauen gefaßt hatten, griffen sie die Goten an und verjagten sie aus Thrazien. Als jedoch dann der Fürst Theodosius so schwer erkrankte, daß man ihn fast aufgab, bekamen die Goten wieder ihre Kühnheit. Sie teilten ihr Heer, und Fritigern brach auf, um Thessalien, Epirus und Achaja zu brandschatzen, Alatheus aber und Safrak mit den übrigen Truppen zogen nach Pannonien. Sobald Kaiser Gratian, der damals sich von Rom nach den gallischen Provinzen begeben hatte wegen der Einfälle der Wandalen, erfuhr, daß die Goten wegen des verzweifelten Zustandes des Theodosius immer mehr Verheerungen anrichteten, kam er bald mit Heeresmacht gegen sie, nicht jedoch im Vertrauen auf seine Waffen, sondern um sie durch Vergünstigungen und Geschenke zu besiegen; er bewilligte ihnen die nötigen Nahrungsmittel und schloß mit ihnen Bündis und Frieden.

XXVIII.

Als aber darnach Kaiser Theodosius gesund wurde und erfuhr, daß Kaiser Gratian ein Bündnis zwischen Goten und Römern geschlossen habe, was ihm selbst erwünscht war, freute er sich sehr darüber und gab diesem Frieden seine volle Zustimmung. Den König Aithanarich, der damals Fritigern nachgefolgt war, verband er sich durch Geschenke und lud ihn aufs freundlichste ein, zu ihm nach Konstantinopel zu kommen. Dieser nahm es gerne an und rief bei seinem Eintritt in die Königsstadt staunend aus: „Ah! Hier sehe ich, wovon ich oft mit ungläubigen Ohren hörte", den Ruhm nämlich dieser großen Stadt. Hierhin und dorthin ließ er seine Blicke schweifen und bewunderte bald die Lage der Stadt und den Verkehr der Schiffe, dann die berühmten Mauern und den Strudel der verschiedenen Völker, die von verschiedenen Seiten herströmend sich gleichsam in einem Becken hier vereinigten. So staunte er auch die in Reih und Glied aufgestellten Soldaten an und sprach: „Gewiß ist der Kaiser Gott auf Erden, und wer gegen ihn die Hand erhebt, der verwirkt durch eigne Schuld sein Leben". In solcher Bewunderung wurde er noch bestärkt durch höhere Ehren, die ihm der Fürst verlieh. Wenige Monate darauf schied er aus dieser Welt. Die Gewogenheit des Kaisers ging so weit, daß er ihn im Tod fast noch mehr als im Leben ehrte; er veranstaltete ihm ein würdiges Begräbnis und ging beim Leichenzug selbst vor der Bahre. Nach dem Tod des Aithanarich blieb sein gesamtes Heer im Untertanenverhältnis zu Theodosius, stellte sich unter die Herrschaft der Römer und bildete mit den römischen Soldaten gleichsam einen Körper. Jener Kriegsdienst der

Verbündeten, wie er schon längst unter Konstantin eingerichtet war, wurde erneut, und sie selbst „Verbündete" *[Foederati]* genannt. Von diesen nahm der Kaiser mehr als 20000 Bewaffnete, die er als treue Freunde kannte, mit sich, als er gegen den Tyrannen Eugenius, der nach Ermordung Gratians Gallien in Besitz genommen hatte, auszog, besiegte diesen Tyrannen und bestrafte ihn.

XXIX.

Nachdem aber Theodosius, welcher den Frieden und das Gotenvolk lieb hatte, aus dem irdischen Leben geschieden war, begannen seine Söhne durch ihr üppiges Leben beide Reiche zugrunde zu richten, und ihren Hilfsvölkern, das heißt den Goten, die gewohnten Geschenke zu entziehen. Darauf wurden die Goten ihrer überdrüssig, und da sie fürchteten, ihre Tapferkeit in der langen Friedenszeit einzubüßen, so machten sie den Alarich zum König über sich. Sein Adel war nach dem der Amaler der höchste; denn er stammte aus dem Geschlecht der Balthen, das schon längst wegen seiner Kühnheit den Namen Baltha, das heißt „kühn" bekommen hatte. Sobald daher der besagte Alarich zum König gewählt worden war, beriet er sich mit den Seinigen und schlug ihnen vor, lieber durch eigene Arbeit Reiche zu erobern, als Fremden in Ruhe untertan zu sein. Er nahm darauf das Heer und rückte unter dem Konsulat des Stiliko und Aurelianus durch Pannonien und Sirmium von der rechten Seite in Italien ein, das sozusagen von Männern ganz entblößt war, und näherte sich ohne Widerstand zu finden der Brücke über den Kandidianus, die drei Milien von der Kaiserstadt Ravenna entfernt war. Diese Stadt zwischen Sümpfen und Meer und den Fluten des Po, ist nur auf einer Seite zugänglich. In einem Winkel des Römischen Reiches am Ionischen Meer gelegen, wird sie wie eine Insel von der Flut der zuströmenden Gewässer eingeschlossen. Im Osten ist das Meer. Wer auf diese Stadt von Korzyra und Hellas gerade lossteuert, hat zur rechten Hand bei der Fahrt zuerst Epirus, dann Dalmatien, Liburnien und Histrien und streicht so an Venetien vorbei.

Im Westen sind Sümpfe, durch welche ein einziger sehr enger Eingang, wie ein Tor, gelassen ist. Im Norden reicht bis dahin ein Arm des Padus, welcher der Graben des Askon genannt wird. Im Süden befindet sich ebenfalls der Padus, den man den König unter den Flüssen Italiens nennt, mit dem Beinamen Eridanus. Er wurde vom Kaiser Augustus in einem sehr breiten Graben herabgeleitet und fließt mit dem siebenten Teil seiner Wasser mitten durch die Stadt, und hat an seiner Mündung einen sehr schönen Hafen, von dem man, wie Dio berichtet, glaubte, daß er einst ein sehr sicherer Ankerplatz für eine Flotte von 250 Schiffen gewesen sei. Dieser zeigt sich jetzt nach dem Bericht des Favius da, wo einst der Hafen war, als umfangreicher Garten reich an Bäumen, an denen aber nicht Segel, sondern Obstfrüchte hängen. Die Stadt selbst rühmt sich eines dreifachen Namens und erfreut sich einer dreiteiligen Lage. Zuvorderst heißt sie Ravenna, am andern Ende Classis, in der Mitte zwischen Stadt und Meer Cäsarea, voll von weichem Sand, der eine bequeme Reitbahn bildet.

XXX.

Als nun das Heer der Wesegoten in die Nähe der Stadt gekommen war, schickte es zum Kaiser Honorius, der drin seine Residenz hatte, eine Gesandtschaft. Durch diese ließen sie anfragen, ob er gestatte, daß die Goten sich friedlich in Italien niederließen. In diesem Fall wollten sie in solcher Eintracht mit den Römern leben, daß man sie für ein Volk halten könne. Andernfalls solle der Stärkere den Schwächern vertreiben und der Sieger in Ruhe die Herrschaft besitzen. Da bekam der Kaiser Honorius bei beiden Vorschlägen große Angst und berief den Senat zu einer Beratung, wie man sie vom italischen Boden vertreiben könne. Zuletzt drang die Ansicht durch, daß Alarich mit seinem Volk die weitentlegenen Provinzen Gallien und Spanien als sein Eigentum besetzen solle, wenn er dazu imstande wäre, und diese Schenkung wurde durch eine kaiserliche Verordnung bestätigt. Denn jene Provinzen hatte man auch so verloren, da der Wandalenkönig Gizerich in dieselben verwüstende Einfälle machte. Dieser Abmachung stimmten die Goten bei und zogen in das ihnen übergebene Land. Nach ihrem Abzug lauerte ihnen, obgleich sie in Italien nichts Schlimmes getan, Stiliko, der Patrizius und zugleich Schwiegervater des Kaisers Honorius war – der Kaiser hatte nämlich beide Töchter desselben, Maria und Thermantia, eine nach der andern geheiratet; aber beide hatte Gott unberührt und als Jungfrauen zu sich gerufen – dieser Stiliko also lauerte bei der Stadt Pollentia in den Kottischen Alpen heimtükkisch auf die Goten und überfiel sie, die sich nichts Arges versahen, zum Verderben von Italien und zu seiner eigenen Schande. Da die Goten ihn plötzlich erblickten, erschraken sie zuerst, bald aber faßten sie wieder Mut und feuerten einander an, wie es ihre Gewohnheit war, warfen fast das ganze Heer des Stiliko in die Flucht und schlugen ihn bis zur Vernichtung. Voll Wut gaben sie alsbald den angetretenen Weg auf und zogen zurück nach Ligurien, wo sie schon durchgezogen waren; dort machten sie reiche Beute, verwüsteten dann ebenso die Aemilia und zogen auf der Flaminischen Heerstraße zwischen Picenum und Tuszien bis zur Stadt Rom und plünderten die anliegenden Gegenden auf beiden Seiten. Endlich rückten sie in Rom ein und plünderten es auf Befehl des Alarich; sie legten jedoch nicht, wie wilde Völker gewöhnlich tun, Feuer an und duldeten nicht, daß die heiligen Orte irgendwie verunehrt wurden. Dann zogen sie fort durch Kampanien und Lukanien, das sie gleichfalls plünderten, und kamen zu den Bruttiern. Hier saßen sie lange und dachten daran, nach Sizilien und von da in die afrikanischen Länder hinüberzugehen. Das Land der Bruttier liegt nämlich ganz außen am Südostzipfel Italiens - die Ecke desselben bildet der Anfang des Gebirges Appenninus - und erstreckt sich wie eine Zuge ins Adriatische Meer, welches dadurch vom Tyrrhenischen getrennt wird. Sein Name stammt von der ehemaligen Königin Bruttia. Dorthin also kam Alarich, der König der Wesegoten, mit den Schätzen von ganz Italien, die er durch Plünderung gewonnen hatte, und beschloß, wie gesagt, von hier über Sizilien nach Afrika hinüberzugehen, das ihm eine Ruhestätte bieten sollte. Mehrere seiner Schiffe aber - nichts ist ja freigestellt, was der Mensch ohne Gottes Willen beschlossen hat - verschlang jenes furchtbare Meer, die meisten verschlug es. Während Alarich durch dieses Unglück niedergeschlagen darüber nachdachte, was zu tun sei, wurde er plötzlich von einem frühen Tode dahingerafft und schied von dieser Welt. Ihn betrauerten die Seinen, die ihn sehr geliebt hatten. Sie leiteten den Fluß Basentus bei der Stadt Konsentia aus seinem Bette - dieser Fluß strömt nämlich mit heilbringendem Gewässer vom Fuß des Berges an der Stadt vorbei, - und mitten im Bette desselben ließen sie durch eine Schar Gefangener ein Grab graben und versenkten in seinen Schoß den Alarich mit vielen Schätzen; dann leiteten sie die Wogen wieder in ihr altes Bett; und damit von keinem je der Ort gefunden würde, töteten sie alle, welche mitgegraben hatten. Die Herrschaft über die Wesegoten übertrugen sie dem Atawulf, einem Blutsverwandten von ihm, von schöner Gestalt und hohem Geist; denn wenn er auch an Körpergröße nicht gar stattlich war, so war er doch durch Schönheit der Gestalt und des Gesichts sehr ansehnlich.

XXXI.

Als dieser die Herrschaft übernommen hatte, kehrte er wieder nach Rom zurück. Was etwa von der ersten Heimsuchung übrig geblieben war, das schor er kahl ab, wie die Heuschrecken. Er beraubte in Italien nicht allein die einzelnen Besitzer ihrer Reichtümer, sondern er nahm auch die des Staates weg, ohne daß der Kaiser Honorius irgendwie vermocht hätte, ihm zu widerstehen. Auch führte er dessen Schwester Placidia, die Tochter des Kaiser Theodosius von seiner zweiten Gemahlin, gefangen aus der Stadt mit sich. Mit dieser jedoch vermählte er sich wegen ihres edlen Geschlechts, ihrer schönen Gestalt und ihrer unbefleckten Keuschheit in richtiger Ehe in Forum Julii, einer Stadt der Aemilia. Durch diese Verbindung sollten zugleich die fremden Völker, wenn sie die Kunde davon vernähmen, wie wenn das Reich mit den Goten vereinigt wäre, wirksamer abgeschreckt werden. Den Kaiser Honorius verließ er, wenn derselbe auch von Macht entblößt war, doch wenigstens als seinen Verwandten voll dankbarer Gesinnung und zog nach Gallien. Als er hier angekommen war, begannen die Nachbarvölker, die ehemals Gallien grausam befehdet hatten, Franken wie Burgundionen, erschreckt sich in ihrem Gebiet zu halten. Denn die obengenannten Wandalen und Alanen saßen mit Erlaubnis der römischen Kaiser in den beiden Pannonien, und gingen, da sie aus Angst vor den Goten auch hier ihre Sicherheit gefährdet glaubten, wenn sie zurückkehren würden, nach Gallien hinüber. Später aber flohen sie auch aus diesem Land, das sie kaum erst besetzt hatten, und schlossen sich in Spanien ein, indem sie sich noch aus den Erzählungen ihrer Ahnen erinnerten, welchen Schaden einst der Gotenkönig Geberich ihrem Volk zugefügt, und wie er sie durch seine Tapferkeit aus der Heimat vertrieben hatte. Infolge dieser Umstände also lag Gallien offen da für den heranziehenden Atawulf. Nachdem daher der Gote seine Herrschaft in Gallien befestigt hatte, bekam er Mitleid mit den Spaniern. Er beschloß sie von den Einfällen der Wandalen zu befreien, ließ seine Schätze mit einigen Getreuen und dem nicht kriegsfähigen Volk in Barcilona zurück und betrat das innere Spanien. Hier kämpfte er häufig mit den Wandalen, fiel aber im dritten Jahr seit der Unterwerfung Galliens und Spaniens von der Hand des Ewerwulf, der ihm sein Schwert in die Eingeweide bohrte, weil er dessen Gestalt zu bespötteln pflegte. Nach seinem Tode wurde Segerich zum König eingesetzt; aber auch er wurde durch die Tücke der Seinigen getötet und verlor noch schneller das Leben und die Herrschaft.

XXXII.

Darnach wurde, schon als der vierte König seit Alarich, Wallia zum König eingesetzt, ein gar strenger und kluger Mann. Gegen ihn schickte der Kaiser Honorius aus Furcht, er möchte das lange vorher mit Atawulf geschlossene Bündnis brechen und nach Vertreibung der Nachbarvölker wieder gegen das Reich Unternehmungen im Schilde führen, den Konstantius, einen tüchtigen und schlachtenberühmten Kriegsmann, mit einem Heer. Zugleich hatte er auch den Wunsch, seine Schwester Placidia von der Schmach der Knechtschaft zu befreien, und machte Konstantius aus, daß er sie mit den Waffen oder auf dem Wege des Friedens, kurz auf jede mögliche Weise, wie er nur könne, in sein Reich zurückführen solle; dafür wolle er sie ihm zur Frau geben. Hierauf zog Konstantius frohlockend mit einer Menge Bewaffneter und schon fast königlicher Ausrüstung nach Spanien. Der Gotenkönig Wallia zog ihm mit nicht weniger stattlicher Streitmacht an die Pyrenäenausgänge entgegen. Hier kam man durch beiderseitige Gesandtschaften zu dem Vertrag überein, daß der Gote die Placidia, die Schwester des Kaisers, zurückgeben und im Fall der Not dem Römischen Reich seine Hilfe nicht versagen solle. Es hatte nämlich ein gewisser Konstantin damals in Gallien die Herrschaft an sich gerissen und seinen Sohn Konstans aus einem Mönch zum Kaiser gemacht. Aber nicht lange behauptete er das angemaßte Reich, sondern er wurde bald von den verbündeten Goten und Römern, und zwar er selbst in Arelatum, sein Sohn in Vienna getötet [411]. Nach ihnen fanden Jovin und Sebastian, die mit gleicher Verwegenheit das Reich in Besitz nehmen zu können glaubten, ebenso ihren Tod [412].

Im zwölften Jahr der Regierung Wallias, als auch die Hunnen nach nahezu fünfzigjährigem Besitz Pannoniens von Römern und Goten vertrieben wurden, sah der Gotenkönig die Wandalen in seinem Gebiet, das heißt in Spanien, voll kühner Verwegenheit nach ihrem Abzug aus dem inneren Gallicien, von wo sie schon Atawulf vertrieben hatten, hervorkommen und alles verwüsten, ungefähr in der Zeit, da Hierius und Ardabures Konsuln geworden waren [427]. Da zog er sogleich mit einem Heer gegen sie.

XXXIII.

Aber schon war der Wandalenkönig Gizerich von Bonifatius nach Afrika eingeladen, der, von Kaiser Valentinian beleidigt, nichts anders als durch das Unglück des Reiches sich rächen konnte. Dieser also lud sie mit Bitten zu sich ein. Darauf setzten sie an der schmalen Überfahrtsstelle über, welche die Gaditanische Meerenge heißt, durch einen Zwischenraum von kaum 7000 Schritten Spanien von Afrika trennt und als die Mündung des Tyrrhenischen Meeres in den Ozean sich ergießt. Gizerich, nun durch das Unglück der Römer weltberühmt geworden, war von mittlerer Größe, infolge eines Sturzes vom Pferde hinkend, von tiefen Gedanken und wenig Worten, ein Verächter der Üppigkeit, jähzornig, habgierig, sehr darauf bedacht, die Völker hintereinander zu hetzen; stets bereit, den Samen zu Zwiespalt auszustreuen und unter den Völkern Haß zu erregen. Dieser Mann betrat, wie erwähnt, auf die Einladungen des Bonifatius Afrika, wo er, wie man sagt, von der Gottheit selbst sein Ansehen erhielt und lang herrschte. Vor seinem Tod berief er die Schar seiner Söhne und setzte, um jeden Erbfolgestreit zu verhüten, fest, daß jeder nach seiner Altersstufe und den ihm zukommenden Ansprüchen, wenn er den andern überlebte, und zwar dem ältern der nächstjüngere nachfolgen sollte und diesem wieder der nächste. Da sie dieses lange Jahre beobachteten, besaßen sie glücklich die Herrschaft und besudelten sich nicht, wie andere Völker zu tun pflegen, durch Bürgerkrieg, sondern herrschten, indem der Reihe nach einer vom andern die Herrschaft überkam, in Frieden über ihre Völker. Ihre Reihe und Nachfolge war folgende: Der erste war Gizerich, Vater und Herr, der folgende Hunerich, der dritte Gunthamund, der vierte Thrasamund, der fünfte Ilderich. Nachdem diesen zum Unglück seines Volkes, uneingedenk der Vorschriften seines Ahnherrn, Gelimer aus dem Reich vertrieben und getötet hatte, maßte er sich die Herrschaft an. Aber nicht blieb ihm ungestraft, was er getan. Denn bald traf ihn die Strafe vom Kaiser Justinian, und mit seinem ganzen Geschlecht und allen seinen Schätzen, auf denen er wie ein Räuber lag, wurde er nach Konstantinopel gebracht durch den berühmten Belesar, den Heermeister des Ostreichs, gewesenen Konsul und Patrizius. Hier bot er dem Volk im Zirkus ein großes Schauspiel und bereute seine Taten zu spät, da er sich vom Gipfel seiner königlichen Macht herabgestoßen sah; und ins Privatleben verwiesen, mit dem er sich nicht hatte begnügen wollen, starb er. So wurde Afrika, das bei der Einteilung des Erdkreises als der dritte Weltteil bezeichnet wird, nach ungefähr hundert Jahren vom Joch der Wandalen befreit und in die Freiheit des Römischen Reiches zurückberufen; und wie lange es auch wegen der Feigheit seiner Herren und der Untreue der Feldherren eine Barbarenschar von dem Körper des Römischen Reiches abgerissen hatte –, damals wurde es von einem klugen Herrn und treuen Feldherrn zurückberufen und erfreut sich dessen noch heute. Zwar mußte es auch nach diesem eine Zeitlang seine Zerrüttung durch Bürgerkrieg und durch die Treulosigkeit der Mauren beklagen; aber der Triumph des Kaisers Justinian, der von Gott verliehen wurde, brachte es bis zum völligen Frieden. Doch wozu brauchen wir zu berichten, was unser Gegenstand nicht heischt? Kehren wir zu unserer Aufgabe zurück.

Wallia, der Gotenkönig, wütete mit den Seinigen so

sehr gegen die Wandalen, daß er sie sogar in Afrika verfolgen wollte, hätte ihn nicht dasselbe Unglück erreicht, das ehedem den Alarich traf, als er nach Afrika wollte. Weit berühmt in spanischen Landen kehrte er, nachdem er einen unblutigen Sieg gewonnen hatte, nach Tolosa zurück; dem Römischen Reich überließ er nach Vertreibung der Feinde einige Provinzen, wie er es versprochen hatte. Er selbst wurde nach langer Zeit von einer Krankheit befallen und schied aus dem irdischen Leben. Gerade in dieser Zeit wanderte Beremud, der Sohn Thorismunds, von dem wir oben beim Verzeichnis der Amaler gesprochen, mit seinem Sohn Witirich von den Ostrogoten, die immer noch in Scythien unter der Unterdrückung der Hunnen seufzten, in das Reich der Wesegoten. Denn er war sich wohl der Trefflichkeit und des hohen Adels seines Geschlechts bewußt und glaubte, daß ihm deshalb leichter von seinen Verwandten die Führung übertragen werden würde, ihm, der als der Erbe vieler Könige bekannt war. Wer sollte auch bei einem Amaler Bedenken tragen, ihn zu wählen, wenn er ohne Thron war? Aber er wollte eben nicht einmal sehr mit dem prahlen, was er war, und jene hatten nach dem Tod Wallias den Theodorid zu seinem Nachfolger gemacht. Zu ihm kam Beremud und unterdrückte vermöge seiner hohen Seelenstärke mit gefälligen Schweigen die Hoheit seines Geschlechts; er wußte, daß den Herrschern Sprößlinge von königlichem Stamm immer verdächtig sind. Er duldete also, daß man ihn nicht kannte, um nicht Verwirrung zu bringen in das, was geordnet war. Auch wurde er mit seinem Sohn von König Theodorid außerordentlich ehrenvoll aufgenommen; ja dieser zog ihn in seinen Rat und zu seinem Tisch, nicht jedoch mit Rücksicht auf den Adel seines Geschlechts, den er nicht kannte, sondern mit Rücksicht auf die Entschlossenheit und Geisteskraft, die er nicht verhehlen konnte.

XXXIV.

Kurz, nachdem, um zu wiederholen was wir oben gesagt haben, Wallia, der gar wenig Glück gegen die Gallier gehabt hatte, gestorben war, folgte der heilbringende und glückliche Theodorid in der Herrschaft nach, ein Mann von sehr großer Mäßigung und ungemeiner Tüchtigkeit des Körpers und des Geistes. Mit ihm brachen unter dem Konsulat des Theodosius und Festus [439] die Römer den Frieden, verbanden sich mit hunnischen Hilfstruppen und rückten in Gallien ein. Es hatte sie nämlich eine Schar verbündeter Goten aufgescheucht, welche unter dem Komes Gaina Konstantinopel verwüstet hatten. Damals befehligte die Soldaten der Patrizius Aëtius, der aus dem tapfern Volk der Mösier stammte und in der Stadt Dorostorum als Sohn des Gaudentius geboren war. Er war abgehärtet gegen die Mühsal des Kriegs und für den römischen Staat ganz besonders dazu geboren, den Übermut der Suawen und die Roheit der Franken durch große Niederlagen in die Untertänigkeit des Römischen Reiches zu bringen. Auch hunnische Hilfstruppen unter der Führung des Litorius bot der Römer gegen die Goten auf, und nachdem lange Zeit beide Teile ihre Heere gegeneinander aufgestellt hatten, gaben sie sich, da keiner schwächer und beide tapfer waren, die Rechte und kamen wieder in die alte Eintracht. Von beiden Seiten wurde das Bündnis befestigt und treuer Friede gewährleistet; dann gingen beide wieder heim. Nach diesem Frieden war Attila, der Herr der Hunnen und der alleinige Beherrscher fast aller Völker Scythiens, weithin berühmt bei allen Völkern. Der Geschichtschreiber Priskus, der mit einer Gesandtschaft Theodosius' des Jüngern an ihn geschickt war, berichtet unter anderm mit folgendem Wortlaut: „Wir gingen über gewaltige Ströme, Tisia, Tibisia und Drikka, und kamen an den Ort, wo vor langer Zeit Widigoia, der Goten Tapferster, der Tücke der Sarmaten unterlegen war. Von hier war es nicht mehr weit bis zu der Ortschaft, in welcher der König Attila seine Wohnung hatte, eine Ortschaft, sage ich, gleich einer sehr großen Stadt, wo wir hölzene Gemächer aus glänzenden Brettern gefertigt fanden, von deren Gefüge man uns vorlog, es sei so fest, daß die Verbindung des Getäfels kaum zu bemerken sei, auch wenn man sehr scharf zusehe. Da konnte man auch Speisezimmer sehen von sehr großem Umfang, und Säulenhallen in schöner Anordnung. Der Hofraum des Gehöftes aber erstreckte sich zu so weitem Umfang, daß schon seine Ausdehnung den königlichen Palast kenntlich machte“. Dies war der Wohnsitz des Königs Attila, der das ganze Barbarenland beherrschte, solche Wohnungen zog er den eroberten Städten vor.

XXXV.

Dieser Attila war der Sohn Mundzuks, dessen Brüder Oktar und Roas vor Attila die Herrschaft bei den Hunnen gehabt haben sollen, wenn auch nicht über alle die, welche er beherrschte. Nach ihrem Tod folgte er mit seinem Bruder Bleda in der Herrschaft über die Hunnen nach und, um vorher zu der Unternehmung, die er beabsichtigte, stark genug zu sein, suchte er Verstärkung seiner Macht durch Brudermord und eilte zum Entscheidungskampf für alle über die Leichen der Seinigen. Aber er fand, wenn er auch durch diese abscheuliche Tat an Macht zunahm, doch durch die Wage der Gerechtigkeit einen schmählichen Ausgang für seine Grausamkeit. Nachdem er nämlich seinen Bruder Bleda heimtückisch ermordet hatte [im Jahre 445], der über einen großen Teil der Hunnen geherrscht, vereinigte er das ganze Volk unter seinem Szepter; und nachdem er die andern Völker, die ihm damals untertan waren, in großer Anzahl versammelt hatte, war sein sehnlichster Wunsch der, die ersten Völker der Welt, die Römer und Wesegoten, zu unterwerfen. Sein Heer soll fünfhunderttausend Mann stark gewesen sein. Er war ein Mann, dazu geschaffen, die Welt zu erschüttern, der Schrecken aller Länder, der auf eine unerklärliche Weise alles in Furcht setzte durch den schrecklichen Ruf, der über ihn verbreitet war. Stolz schritt er einher und ließ nach allen Seiten die Augen schweifen, damit die Macht, die der hochmütige Mensch inne hatte, auch in seiner Körperbewegung sich zeigte. Er war ein Liebhaber der Kriege, aber persönlich zurückhaltend; seine Stärke lag in seiner klugen Umsicht. Gegen Bittende war er nicht hart, und gnädig gegen die, welche sich ihm einmal unterworfen hatten. Er war klein von Gestalt, breitschulterig, dickköpfig, hatte kleine Augen, spärliches Barthaar mit Grau untermischt, eine platte Nase, dunkle Hautfarbe, und trug die Kennzeichen seines Ursprungs. Wenngleich er schon von Natur eine große Siegeszuversicht hegte, so erhöhte doch der Fund des Schwertes des Mars noch sein Selbstvertrauen; dasselbe hatte immer bei den Königen der Scythen für heilig gegolten. Der Geschichtschreiber Priskus berichtet, daß es bei folgender Gelegenheit entdeckt worden sei. Als ein Hirte ein Kalb unter seiner Herde hinken sah, ohne den Grund einer so bedeutenden Verwundung finden zu können, folgte er ängstlich den Blutspuren und stieß zuletzt auf ein Schwert, auf welches beim Abweiden des Grases das Kalb unvorsichtig getreten war. Er grub es heraus und trug es alsbald zu Attila. Dieser freute sich über das Geschenk, und kühn, wie er war, meinte er, er sei zum Herrn der Welt bestimmt, und die Übermacht im Kriege sei ihm mit dem Schwerte des Mars verliehen.

XXXVI.

Da Gizerich, der Wandalenkönig, den wir vorhin erwähnt haben, erfuhr, daß dieser Mann auf die Verwüstung des Erdkreises sinne, so drängte er ihn durch viele Geschenke zum Krieg mit den Wesegoten. Er fürchtete nämlich, Theodoridus, der König der Wesegoten, möchte die Schmach, welche er seiner Tochter angetan hatte, rächen. Diese war früher mit Hunnerich, dem Sohne Gizerichs, vermählt gewesen und hatte sich, in der ersten Zeit wenigstens, einer solchen Vermählung erfreut. Später aber hatte Gizerich, wie er denn selbst gegen seine Kinder grausam war, lediglich auf den Verdacht hin, daß sie versucht habe, ihn zu vergiften, mit abgeschnittener Nase und verstümmelten Ohren, ihrer natürlichen Zierde beraubt, ihrem Vater nach Gallien zurückgeschickt, so daß die Beklagenswerte ihm immer einen jämmerlichen Anblick bot. Solche Grausamkeit, durch die sogar Fremde hätten ergriffen werden müssen, konnte den Vater nur zu nachdrücklicher Rache aufreizen. Attila nun brachte den schon lange beschlossenen Krieg infolge der Bestechung durch Gizerich zur Ausführung; er schickte Gesandte nach Italien zum Kaiser Valentinian, um Zwietracht zwischen Römer und Goten zu säen. Er wollte die, welche er in einer Schlacht zu besiegen nicht hoffen durfte, durch gegenseitigen Haß vernichten, und sagte deshalb, er wolle in keinem Punkt sein Freundschaftsverhältnis zum Reich verletzen; aber er habe gegen den Wesegotenkönig Theodorid einen Kampf auszufechten. Da er nun gerne mit seinem Anerbieten aufgenommen zu werden wünschte, so hatte er den übrigen Brief mit den herkömmlichen Schmeicheleien der Begrüßung überfüllt und suchte so für seine Lügen Glauben zu erwecken. Auf gleiche Weise schickte er Schreiben an den Wesegotenkönig Theodorid und forderte ihn auf, sich von dem Bündnis mit den Römern loszusagen. Er solle sich wieder der Händel erinnern, die kurz zuvor gegen ihn erregt worden seien. So kämpfte der trotz aller Roheit verschlagene Mensch, ehe er den eigentlichen Krieg eröffnete, mit Ränken. Da sandte Kaiser Valentinian an die Wesegoten und ihren König Theodorid eine Gesandtschaft mit folgendem Auftrag: „Eure Klugheit, tapferstes der Völker, gebietet es, euch mit uns gegen den Tyrannen der Welt zu vereinigen. Er will allgemeine Knechtschaft der Menschheit. Er sucht nicht erst nach Gründen zum Krieg; was er auch tut – es scheint ihm gerecht. Sein Ehrgeiz ist grenzenlos; seinen Hochmut befriedigt seine Frechheit. Ein Verächter von Recht und Gesetz offenbart er sich auch als Feind der Natur. Er, der sich als gemeinsamer Feind aller offenbart, verdient auch den Haß aller. Erinnert euch nur – das ist ja in aller Gedächtnis –, daß ihr vonseiten der Hunnen nicht mit Krieg überwunden, wo wenigstens das Verhältnis für beide Teile ein gleiches ist, sondern, wovor man sich mehr zu fürchten hat, mit List und Trug angegriffen seid. Um von uns zu schweigen, – könnt ihr diesen Übermut straflos hingehen lassen? Ihr, die ihr mächtig seid durch eure Waffen, folgt eurer eigenen Entrüstung und vereinigt euch zu gemeinsamem Handeln mit uns. Kommt auch dem Reich zu Hilfe, von dem ihr einen Teil bewohnet. Wie sehr uns das Bündnis mit euch wünschenswert sein muß, danach fraget die Feinde selbst!“ Durch diese und derartige Worte gewannen die Gesandten Valentinians den König Theodorid. Er gab ihnen folgende Antwort: „Ihr habt euren Wunsch, Römer; ihr habt den Attila auch uns zum Feind gemacht. Wir werden ihm folgen, wohin er uns ruft, und wenn er auch hochmütig ist wegen seiner Siege über viele Völker, so verstehen die Goten auch mit Hochmütigen zu kämpfen. Keinen Krieg möchte ich zu gefährlich nennen, außer wo die Sache keine gute ist; keine Gefahr kann uns schrecken, da uns des Kaisers Hoheit huldreich lächelt". Die Gefährten des Anführers bezeigten laut ihren Beifall, freudig folgte die Menge. Bei allen zeigt sich Kampfeseifer; schon wünscht man sich die Hunnen zu Feinden. Darum wurde vom Wesegotenkönig Theodorid eine Unmasse Volkes aufgebracht. Vier von seinen Söhnen, Friderich, Eurich, Retemir und Himnerith, ließ er zu Hause. Nur die beiden ältesten, Thorismund und Theodorich, nahm er zu Genossen des Kampfes. Glücklich als Heeresaufgebot, sicher die Hilfe, als liebe Genossenschaft den Beistand derer zu haben, mit denen man sich sogar gerne in Gefahren begibt! Auf seiten der Römer besaß der Patrizius Aëtius – dieser war damals die Stütze des Reiches von Hesperien – solche Umsicht, daß er, nachdem er seine Truppen von allen Seiten zusammengezogen hatte, dem wilden, unzählbaren Feind, gegen den er zog, wohl gewachsen war. Denn folgende Hilfsvölker waren dabei: Franken, Sarmaten, Armoricianer, Liticianer, Burgundionen, Sachsen, Riparer, Olibrionen, welche ehemals römische Soldaten gewesen, damals aber zu den Hilfsvölkern gestellt waren, und einige andere keltische und germanische Stämme. So kam es auf den Katalaunischen Feldern, die auch die Mauriakischen heißen, die sich hundert Leuvä, wie es die Gallier nennen, in die Länge und siebzig in die Breite erstrecken, zum Zusammenstoß. Eine gallische Leuva aber beträgt soviel als 1500 Schritte. Dieser Teil der Erde ward nun der Tummelplatz unzähliger Völker. Auf beiden Seiten waren es die tapfersten Heere, die aneinander gerieten; nichts wurde in heimlichen Schlichen ausgemacht, sondern in offenem Kampf wurde gefochten. Welche Sache ließe sich finden, die der Aufbietung so vieler Kräfte würdig wäre? Und wie groß mußte der Haß sein, daß er alle gegeneinander in Waffen brachte? Es hat sich da erwiesen, daß das Menschengeschlecht für die Könige lebt, da hier auf den tollen Einfall eines einzelnen hin die Völker niedermetzelt wurden, da infolge der Willkür *eines* übermütigen Königs zerstört wurde, was die Natur in so vielen Jahrhunderten geschaffen.

XXXVII.

Bevor wir aber den Hergang der Schlacht selbst berichten, scheint es nötig zu erklären, was während des Verlaufes des Krieges sich ereignete, da diese Schlacht ebenso weitläufig und verwickelt als berühmt ist. Der Alanenkönig Sangiban versprach dem Attila aus Angst vor der Zukunft, sich ihm zu ergeben und die Stadt Aureliana in Gallien, wo er damals stand, ihm in die Hand zu spielen. Sobald dies Theodorid und Aëtius erfuhren, führten sie vor Attilas Ankunft vor der Stadt große Verschanzungen auf, überwachten den verdächtigen Sangiban und stellten ihn mit seinem Volk ins Mitteltreffen unter ihre Hilfsvölker. Durch dieses Ereignis wurde der Hunnenkönig Attila bestürzt gemacht, traute seiner Macht nicht mehr und scheute sich, den Kampf zu beginnen. Und da er an die Flucht dachte, die noch schlimmer sei als der Tod, beschloß er, durch die Wahrsager die Zukunft zu erforschen. Diese beobachteten nach ihrer Sitte bald die Eingeweide von Tieren, bald die Linien auf abgeschabten Knochen und prophezeiten den Hunnen Unglück; nur den schwachen Trost verkündeten sie zum voraus, daß der oberste Führer der Feinde seinen Tod finden und durch seinen Untergang die Freude nach dem Sieg trüben werde. Da nun Attila den Tod des Aëtius, der seinen Plänen im Wege stand, sogar mit seinem eigenen Untergang herbeiführen zu müssen glaubte, so eröffnete er, durch diese Weissagung bestimmt, wie er denn eine bedeutende Erfahrung in der Kriegführung besaß, um die neunte Tagesstunde mit großer Besorgnis die Schlacht, um bei unglücklichem Ausgang die Nähe der Nacht zu benutzen.

XXXVIII.

Die beiden Teile kamen, wie gesagt, auf den Katalaunischen Feldern zusammen. Das Schlachtfeld war eine Ebene, die sich allmählich ansteigend zu einer Anhöhe erhob. Dieses Punktes suchten sich beide Heere zu bemächtigen, weil seine günstige Lage nicht unbedeutende Vorteile bot; so besetzten die Hunnen mit den ihrigen die rechte, die Römer und Wesegoten mit ihren Hilfstruppen die linke Seite, und um den noch freien Gipfel des Berges erhob sich der Kampf. Den rechten Flügel bildete Theodorid mit den Wesegoten, den linken Aëtius mit den Römern; den Sangiban, den oben erwähnten Anführer der Alanen, stellten sie ins Mitteltreffen und sorgten so mit militärischer Vorsicht dafür, daß sie den, auf dessen Treue weniger Verlaß war, zwischen die zuverlässigen Leute nahmen. Denn, wem der Weg zur Flucht versperrt ist, der fügt sich leicht in die Notwendigkeit zu kämpfen. Gegenüber war die Schlachtordnung der Hunnen so, daß Attila mit seinen Tapfersten in der Mitte stand; bei dieser Anordnung hatte der König besonders den Zweck im Auge, daß er inmitten der Kerntruppen seines Volkes vor jeder drohenden Gefahr geschützt wäre. Seine Flügel bildeten viele verschiedenartige Stämme, die er sich unterworfen hatte. Darunter sind besonders die Ostrogoten hervorzuheben unter ihren Anführern, den Brüdern Walamir, Theodemir und Widemir, die sogar noch edler waren als der König selbst, dem sie damals dienten, da sie der Ruhm des Geschlechts der Amaler auszeichnete. Auch der hochberühmte Gepidenkönig Ardarich mit unzähligem Volk war da, der wegen seiner ungemeinen Ergebenheit gegen Attila an dessen Beratungen teilnehmen durfte. In Erwägung seines Scharfsinns schätzte Attila ihn und den Ostrogotenkönig Walamir vor den übrigen Häuptlingen. Denn Walamir war verschwiegen, angenehm im Gespräch und in Listen wohl erfahren, Ardarich bewährt in seiner Treue und im Rat, wie wir oben gesagt haben. Ihnen durfte er wohl den Kampf gegen die Stammesverwandten, die Wesegoten anvertrauen. Die übrige Masse, wenn man so sagen darf, der Könige und der Anführer der verschiedenen Völker harrten wie Leibwachen auf den Wink Attilas, und wenn er mit dem Auge ein Zeichen gab, so trat ein jeder mit Furcht und Zittern ohne Murren hinzu und besorgte gewiß, was ihm befohlen wurde. Attila allein aber, der König der Könige, der über allen stand, war auch für alle besorgt. Es fand also ein Kampf statt um den erwähnten Punkt. Attila schickte die Seinen ab, den Berggipfel zu nehmen; aber Thorismund und Aĕtus kamen zuvor, und indem sie sich anstrengten, den Hügel zu ersteigen, erreichten sie zuerst die Spitze und verjagten die herankommenden Hunnen vermöge ihrer günstigen Stellung auf dem Berg mit Leichtigkeit.

XXXIX.

Da, als Attila durch den obenerwähnten Anlaß sein Heer in Bestürzung geraten sah, hielt er es für angemessen, folgende Ansprache, wie ihm gerade der Augenblick die Worte bot, an dasselbe zu halten: „Wenn ihr nach den Siegen über so viele Völker, nach der Unterwerfung der Erde, hier stehet, so darf ich es wohl für töricht erachten, euch unter solchen Umständen mit Worten anzuspornen, als ob ihr nicht wüßtet, worum es sich handelt. Ein Neuling in der Heerführung, ein noch nicht erprobtes Heer könnte darnach Verlangen tragen. Ebensowenig darf ich die gewöhnlichen Phrasen aussprechen, als ihr sie zu hören braucht. An was anders wäret ihr auch gewöhnt als an den Krieg? Was kann es Süßeres geben für einen tapferen Mann, als mit eigener Hand Rache zu üben? Eine große Gabe der Natur ist es führwahr, seinen Rachedurst zu stillen. Darum also laßt uns frisch die Feinde angreifen! Mutiger ist immer, wer den Kampf selbst eröffnet. Verachtet die Vereinigung zwieträchtiger Völker! Sich mit Bundesgenossen verteidigen, ist ein Kennzeichen der Furcht. Seht nur noch vor unserem Angriff werden sie vom Schrecken gejagt, suchen Anhöhen zu gewinnen, besetzen Berggipfel und verlangen in zu später Reue nach Deckung im offenen Felde! Es ist euch bekannt, wie leicht die Waffen der Römer sind; vom Staub schon, geschweige denn von der ersten Wunde werden sie niedergedrückt, während sie noch in Reih und Glied treten, ihre Schlachtlinien bilden und die Schilde aneinander schließen! Kämpft mit eurer gewohnten Ausdauer, kümmert euch nicht um ihre Heeresmacht, dringet ein auf die Alanen, stürzt auch auf die Wesegoten! Dort können wir einen raschen Sieg holen, wo der Kern der Feindesmacht ist. Wenn aber einmal die Sehnen abgehauen sind, sinken die Glieder kraftlos zurück; der Körper, aus dem man das Knochengerüst gezogen hat, kann nicht mehr stehen. Da mag sich euer Mut hervortun, eure gewohnte Wut zum Ausbruch kommen! Nun bietet euren Verstand, Hunnen, nun eure Waffen auf! Wer verwundet wird, vergelte mit Tod eines Feindes, wer noch heil, sättige sich in ihrem Blut! Die Sieger wird kein Geschoß treffen; wer zum Tod bestimmt ist, den erreicht das Geschick auch in Friedenszeit. Warum sollte das Glück den Hunnen Sieg auf Sieg über so viele Völker verliehen haben, wenn es sie nicht auf die Freude dieses Kampfes hätte vorbereiten wollen! Wer hat denn unsern Vorfahren den Weg von der Mäotis her eröffnet, der so viele Jahrhunderte ein unentsiegeltes Geheimnis war? Wer brachte vor euch, als ihr noch nicht bewaffnet waret, Bewaffnete zum Weichen? Den Blick der Hunnen konnte auch eine vereinigte Völkermasse nicht ertragen. Ich täusche mich nicht über den Erfolg. Das ist das Feld, das uns so viele Siege verheißen haben. Ich selbst werde zuerst mein Geschoß in die Feinde schleudern. Wenn einer Ruhe ertragen kann, während Attila kämpft, ist er tot". Hierdurch begeistert, stürzten sie alle in den Kampf.

XL.

Und obwohl die Lage selbst eine furchtbare war, die Gegenwart des Königs befreite auch die Ängstlichen von jedem Zaudern. Es kam zum Handgemenge; ein schrecklicher Kampf, ein gewaltiger, vielförmiger, mit Hartnäkkigkeit geführt, von dessengleichen nirgends im Altertum berichtet wird, wo derartige Taten erzählt werden, so daß der, der dieses Wunders Anblick genoß, nichts Großartigeres in seinem Leben hätte sehen können. Denn, wenn man den Erzählungen der älteren Leute glauben darf, – das Bächlein, das in niederen Ufern an der erwähnten Ebene vorbeifließt, schwoll von dem reichlichen Blut der Wunden der Getöteten an und wuchs nicht wie sonst durch Regengüsse, sondern wurde infolge der ungewohnten Flüssigkeit durch des Blutes Zufluß ein reißender Gießbach. Und die, welche dort eine Verwundung den brennenden Durst zu stillen nötigte, schlürften das Naß mit Blut vermischt. So tranken sie, durch ein klägliches Schicksal umstrickt, das Blut, das sie aus ihrer Wunde vergossen. Da wurde auch der König Theodorid, während er ermutigend sein Heer durcheilte, vom Pferde gerissen; und von den Füßen der Seinigen zertreten, endete er in frühem Alter. Andere dagegen behaupten, er sei vom Geschoß des Andagis auf der Seite der Ostrogoten, die damals Attilas Fahnen folgten, gefallen. Das wars, was die Wahrsager früher dem Attila verkündet hatten, obwohl er es auf Aëtius bezogen hatte. Da trennten sich die Wesegoten von den Alanen und drangen auf die Scharen der Hunnen ein; und fast hätten sie den Attila getötet, wenn er nicht vorher vorsichtig geflohen wäre und sich und die Seinen sogleich in das Gehege seines Lagers, das er mit Wagen umgeben hatte, eingeschlossen hätte. Wenngleich dies nur eine gebrechliche Schutzwehr bildete, so suchten doch dort diejenigen Fristung ihres Lebens, denen kurz zuvor kein Mauerwall hatte widerstehen können. Thorismund aber, des Königs Theodorid Sohn, der mit Aëtius den Hügel vorweggenommen und die Feinde von der Höhe herabgejagt hatte, geriet, im Glauben zu seinen Truppen zu kommen, in finstrer Nacht ahnungslos mitten in die Wagen der Feinde. Als er tapfer kämpfte, zog ihn, der schon am Kopf verwundet war, jemand vom Pferde herab; und dann ließ er, durch die Fürsorge der Seinigen befreit, ab von des Kampfes Anstrengung. Aëtius, der ähnlich bei der Verwirrung während der Nacht von Feinden umherschweifte, ängstlich, ob den Goten kein Unglück zugestoßen sei, und als er endlich zum Freundeslager kam, verbrachte er den Rest der Nacht unter schützenden Schilden. Als man am folgenden Morgen bei Sonnenaufgang die angehäuften Leichen auf den Feldern erblickte und sah, daß die Hunnen keinen Ausfall wagten, hielt man den Sieg für gewonnen; aber man wußte, daß Attila nur nach einer großen Niederlage fliehe. Jedoch tat er nicht, wie einer, der darniedergeworfen ist, sondern unter Waffenlärm ließ er die Hörner blasen, und drohte mit einem Angriff, wie ein Löwe, der den Jagdspeer in der Seite trägt, am Eingang seiner Höhle auf- und abgeht und nicht wagt aufzuspringen, sondern unaufhörlich mit seinem Gebrüll die Nachbarschaft schreckt. So ängstigte der kriegerische König seine Besieger noch, als er eingeschlossen war. Darum kamen Goten und Römer zusammen und berieten, was anzufangen sei betreffs des überwundenen Attila. Man beschloß, ihm mit einer Belagerung zuzusetzen, da er keine Getreidevorräte hatte, und von ihren Bogenschützen, die in der Lagerumzäunung aufgestellt waren, der Zutritt durch einen Hagel von Pfeilen verhindert wurde. Man sagt aber, der König, der auch in der verzweifelten Lage seine Seelenstärke bis zuletzt bewahrte, habe aus Pferdesätteln einen Scheiterhaufen errichten lassen und, falls die Feinde eindringen sollten, sich in die Flammen stürzen wollen, damit niemand die Freude haben solle, ihn zu verwunden, oder er, der Beherrscher so vieler Völker, in die Hände seiner Feinde fiele. –

XLI.

Während dieses Aufenthalts mit der Belagerung vermißten die Wesegoten ihren König, die Söhne den Vater, und wunderten sich über seine Abwesenheit, da sie doch von glüchlichem Erfolg begleitet gewesen waren. Und da sie nach längerem Suchen ihn mitten in den dichtesten Haufen der Leichen, wie es tapfern Männern geziemt, gefunden hatten, ehrten sie sein Andenken mit Liedern und trugen ihn angesichts der Feinde fort. Da sah man die Scharen der Goten, wie sie noch während der Wut des Kampfes mit ihren unharmonischen Stimmen der Leiche die letzte Ehre erwiesen. Tränen wurden vergossen, aber solche, die tapfern Männern nachgeweint zu werden pflegen. Denn es war ein Tod, doch ein ruhmvoller, wie auch die Hunnen bezeugten, so daß man glaubte, der Feinde Stolz würde sich beugen, wenn sie die Bestattung eines so großen Königs mit allen seinen Ehrenzeichen untätig mit anschauen müßten. Die Goten aber erfüllten die Pflicht der Leichenfeier gegen Theodorid und trugen unter Waffenschall den hehren König fort. Der Held Thorismund folgte hinter den sterblichen Resten des heißgeliebten, hochberühmten Vaters dem Leichenzug, wie es für den Sohn sich schickt. Nachdem dies beendet war, befragte er, ergriffen von Schmerz über seine Verwaisung und vom Drang der Tapferkeit, die ihn auszeichnete, da er an den übrigen Hunnen seines Vaters Tod zu rächen strebte, den Patrizius Aëtius als den älteren und an Erfahrung gereifteren Mann darüber, was unter den jetzigen Umständen zu tun sei. Der aber fürchtete nach völliger Vernichtung der Hunnen Unterdrückung des Römischen Reiches von den Goten und gab ihm den Rat, in seine Heimat zurückzukehren und sich der von seinem Vater hinterlassenen Herrschaft zu bemächtigen, damit nicht seine Brüder die Schätze des Vaters an sich rissen und der Wesegoten Reich an sich zögen, und er dann mit den Seinigen ernstlich, und was noch schlimmer sei, unglücklich kämpfen müßte. Diese Antwort nahm er nicht so heimtückisch, wie sie gegeben war, sondern als eine auf sein Bestes abzielende auf, ließ ab von den Hunnen und kehrte nach Gallien zurück. So verdirbt die menschliche Gebrechlichkeit, indem sie befürchteten Gefahren begegnen will, häufig die Gelegenheit, große Taten zu vollführen. In diesem hochberühmten Kampf der tapfersten Völker berichtet man von 165000 Gefallenen auf beiden Seiten, abgesehen von 15000 Gepiden und Franken, die vor der eigentlichen Feldschlacht nachts aufeinander stießen und einander zusammenhieben, indem die Franken für die Römer, die Gepiden für die Hunnen fochten.

Als Attila den Abzug der Goten erfuhr, hielt er, wie man gewöhnlich bei unerwarteten Vorgängen vermutet, es mehr für eine Kriegslist der Gegner und blieb noch länger im Lager. Als aber anhaltende Stille infolge der Abwesenheit der Feinde eintrat, da richtete sich sein Geist wieder zu Siegeshoffnungen auf; schon im voraus genoß er die Freude, und des Königs Geist schweifte zum früheren Glück zurück. Thorismund also zog, nachdem er den toten Vater gleich noch auf den Katalaunischen Feldern, wo er auch gekämpft hatte, mit königlichen Ehren bestattet hatte, in Tolosa ein. Wiewohl er sich nun einer Schar tapferer Brüder erfreute, herrschte er doch im Anfang mit solcher Mäßigung, daß kein Erbfolgestreit stattfand.

XLII.

Als aber Attila durch den Abzug der Wesegoten die Gelegenheit bekommen und die Trennung der Feinde, die er oft gewünscht, bemerkt hatte, da wurde er bald wieder sicher und brach auf zur Unterwerfung der Römer. [452] Beim ersten Eindringen in Italien belagerte er Aquileja, die Hauptstadt Venetiens, auf einer Spitze oder Landzunge im Adriatischen Meere gelegen, deren Mauern im Osten der Fluß Natissa bespült, welcher vom Berg Piccis herabkommt. Da er sie nun lange Zeit belagerte, ohne etwas auszurichten – denn drinnen leisteten sehr tapfere Soldaten der Römer Widerstand –, da schon auch sein Heer murrte und abzuziehen verlangte, da bemerkte Attila beim Umwandeln der Mauern, indem er überlegte, ob er abziehen oder bleiben sollte, weiße Vögel, Störche, die auf den Giebeln ihre Nester bauten, wie sie ihre Brut aus der Stadt schleppten und ganz gegen ihre Gewohnheit über die Felder davontrugen. Wie er denn ein ungemein scharfsinniger Beobachter war, bekam er gleich eine Ahnung der Zukunft und sprach zu den Seinigen: „Seht da, wie diese Vögel, die die Zukunft voraussehen, die zum Untergang bestimmte Stadt verlassen und wegen der drohenden Gefahr die Burgen fliehen, die bald fallen sollen. Man halte dies nicht für bedeutungslos, für ein unsicheres Zeichen; die Furcht vor dem Kommenden verändert durch die Vorahnung desselben die Gewohnheit". Kurz, die Seinigen ließen sich wieder von Kampfbegier entflammen, um Aquileja zu erstürmen. Maschinen wurden gebaut und Wurfgeschosse jeder Art in Anwendung gebracht, dann dringen sie unverzüglich in die Stadt ein, rauben, plündern, sengen und brennen mit solcher Grausamkeit, daß sie kaum eine Spur von ihrem einstigen Dasein übrig ließen. Darnach rasten die Hunnen, schon mutiger und noch nicht gesättigt am Blute der Römer, durch die übrigen Städte Venetiens. Auch Mailand, das Haupt von Ligurien, einst eine Kaiserstadt, verwüsteten sie in gleicher Weise und stürzten auch Ticinum in dasselbe Unglück; ebenso verdarben sie die Nachbarorte mit ihrer Wut und richteten fast ganz Italien zugrunde. Als nun Attilas Absicht war, auf Rom loszurücken, hielten ihn die Seinigen davon ab, wie der Geschichtschreiber Priskus erzählt, nicht aus Rücksicht auf die Stadt, der sie feindlich waren, sondern im Hinblick auf das Schicksal Alarichs, des ehemaligen Königs der Wesegoten, aus Besorgnis für das Leben ihres eigenen Königs; denn jener hatte Roms Sturz nicht lange überlebt, sondern war gleich darauf von hinnen geschieden. Während also sein Geist unschlüssig war in der schwankenden Wahl, ob er gehen oder nicht gehen solle, und bei sich überlegend noch zögerte, kam eine Friedensgesandtschaft von Rom zu ihm. Der Papst Leo begab sich nämlich persönlich zu ihm auf das Ambuleische Gefilde in Venetien, wo eine Übergangsstelle ist für den Verkehr über den Mincius. Darnach ließ Attila alsbald ab von seiner gewohnten Wut und kehrte darin zurück, von wo er gekommen war, nämlich über die Donau, nachdem er Frieden versprochen hatte. Jedoch erklärte er vor allen Dingen und bekräftigte mit Drohungen, er werde größeres Unheil über Italien bringen, wenn man ihm nicht Honoria, die Schwester des Kaiser Valentinian, die Tochter der Kaiserin Placidia, mit der ihr von den königlichen Schätzen gebührenden Mitgift senden würde. Man sagte, diese Honoria habe, da sie zur Zierde des Hofes auf Befehl ihres Bruders, um ihre Keuschheit zu wahren, eingeschlossen gehalten wurde, heimlich an Attila einen Eunuchen gesendet und ihn eingeladen, sie gegen die Macht ihres Bruders in Schutz zu nehmen. Eine große Niederträchtigkeit, sich auf Kosten des Gesamtwohls die Freiheit zur Wollust zu verschaffen

XLIII.

Nachdem also Attila in sein Land zurückgekehrt war, reute ihn so zu sagen die Ruhe, und da er es unerträglich fand, vom Krieg zu feiern, schickte er Gesandte an Marcian, den Kaiser des Ostens, und drohte ihm Verwüstung seiner Länder, weil er den einst von Theodosius ihm, dem Attila, versprochenen Tribut nicht zahle und sich weniger höflich zeige, als er es sogar von seinen Feinden gewohnt sei. Doch während er dieses betrieb, wandte er als ein durchtriebener und verschlagener Mensch auf der einen Seite drohend, nach der andern seine Waffen und kehrte sein Antlitz gegen die Wesegoten, den noch allein übrigen Gegenstand seines Unwillens. Aber hier hatte er nicht denselben Erfolg, wie bei den Römern. Er beschloß, auf andern Straßen als früher zurückzukehren und einen Teil der Alanen, der jenseits des Ligeris saß, sich zu unterwerfen, um dann, nachdem der Krieg durch diese ein anderes Aussehen bekommen hätte, um so furchtbarer dastehen zu können. So zog denn Attila aus Dazien und Pannonien, wo damals die Hunnen mit verschiedenen andern unterworfenen Stämmen wohnten, fort und führte seinen Heerbann gegen die Alanen. Aber Thorismund, der Wesegotenkönig, der ebenso schlau, wie Attila, diese seine Hinterlist durchschaute, kam ihm in gewohnter Schnelligkeit bei den Alanen zuvor und trat schlagfertig den Bewegungen des schon nahen Attila entgegen. Als es dann zum Kampf kam, der fast den gleichen Verlauf nahm wie der in der Katalaunischen Ebene, da vereitelte er seine Siegeshoffnung, verjagte ihn aus seinem Land, schickte ihn ohne Triumph heim und nötigte ihn zur Flucht in seine Heimat. So mußte der berühmte Attila, der Herr so vieler Siege, da er die Schmach einer Niederlage von sich zu wälzen und die Schande, welche er von den Wesegoten hatte ertragen müssen, zu tilgen suchte, zum zweitenmal dasselbe davontragen und zog ruhmlos zurück. Thorismund dagegen begab sich nach Abweisung der hunnischen Scharen von den Alanen ohne irgendwelche Verluste im Heer der Seinigen nach Tolosa. Da erkrankte er, nachdem er Ruhe und Frieden geschaffen, im dritten Jahr seiner Herrschaft; und während er sich zur Ader ließ, wurde er von einem ihm feindlich gesinnten Klienten Askalk, der ihm zugleich ankündete, daß seine Waffen entfernt seien, getötet. Aber mit der einen Hand, die er frei hatte, rächte er noch sein Blut und schlug mehrere seiner Feinde mit einem Schemel tot.

XLIV.

Nach seinem Ableben folgte ihm sein Bruder Theodorid als Beherrscher der Wesegoten nach. Dieser fand bald in Rikiar, dem König der Suawen, der mit ihm verwandt war, einen Feind. Rikiar glaubte nämlich wegen seiner Verwandtschaft mit Theodorid auf den Besitz von nahezu ganz Spanien Ansprüche erheben zu dürfen, und hielt die Zeit, wo der König noch nicht fest auf seinem Throne saß, am geeignetsten dazu, es zu entreißen. Vorher hatten die Suawen in Gallien und Lusitanien Wohnsitze, die sich auf der rechten Seite Spaniens längs der Küste des Ozeans erstrecken; im Osten hatten sie Austrogonien, im Westen auf einem Vorgebirge das Heiligtum Scipios, eines römischen Heerführers, im Norden den Ozean, im Süden Lusitanien und den Tagus zur Grenze, der Goldkörner in seinem Sande birgt und mit gemeinem Schlamm Reichtümer fortwälzt. Von da also brach der Suawenkönig Rikiar auf und suchte sich in den Besitz von ganz Spanien zu setzen. Sein Verwandter Theodorid schickte als ein bedächtiger Mann Gesandte an ihn und sagte ihm im guten, er solle sich aus fremdem Gebiet entfernen und sich nicht herausnehmen, dasselbe anzugreifen; denn durch solch ehrgeizige Absichten werde er sich seine Feindschaft zuziehen. Jener aber erwiderte in seinem Hochmut und seiner Aufgeblasenheit: „Wenn du schon hier murrst und dich meinem Vordringen widersetzest, so werde ich nach Tolosa, in deine Residenz, kommen. Dort widerstehe, wenn du kannst". Solche Worte erzürnten den Theodorid; er schloß mit den übrigen Völkern Frieden und rückte gegen die Suawen; dabei hatte er die Burgundzonenkönige Gundiuch und Hilperich zu Bundesgenossen und treuen Gefährten. Es kam zum Kampf beim Fluß Ulbius, der zwischen Asturien und Iberien vorbeifließt. Als sich dann das Treffen entspann, blieb Theodorid mit den Wesegoten, die für die gerechte Sache kämpften, Sieger und schlug fast das ganze Volk der Suawen bis zur Vernichtung zu Boden. Ihr König Rikiar floh aus dem durch den Feind beunruhigten Gebiete, stieg in ein Schiff, wurde aber von widrigem Wind auf dem Tyrrhenischen Meer zurückgeschleudert und wieder in die Hände der Wesegoten gegeben. Der Elende entzog sich nicht länger dem Tod, obgleich er die Elemente vertauscht hatte. Der siegreiche Theodorid aber schonte die Unterworfenen und ließ nicht länger die Kampfwut über sie ergehen. Zum Herrn über die untertänigen Suawen setzte er einen eigenen Vassallen Agriwulf ein. Da jedoch dieser infolge der Einflüsterungen der Suawen seine Gesinnung veränderte, versäumte er es, die Befehle seines Herrn zu vollziehen; vielmehr glaubte er in hochmütiger Herrschsucht mit derselben Tapferkeit das Land behaupten zu können, mit welcher er es mit seinem Herrn zusammen unterworfen hatte. Er war nämlich ein Mann aus dem Stamm der Warner, der weit abstand vom Adel gotischen Blutes und deshalb weder nach Freiheit strebte, noch seinem Schutzherrn die Treue hielt. Auf die Kunde hiervon schickte Theodorid alsbald ein Heer gegen ihn, um ihn von der angemaßten Königsherrschaft zu stürzen. Nach seiner Ankunft besiegte dieses denselben unverzüglich in der ersten Schlacht und vollzog an ihm die Strafe, die seinen Taten zukam. Er wurde nämlich gefangen genommen, und, von den Seinigen verlassen, büßte er mit dem Kopf; und so bekam er, der den gnädigen Herrn verachten zu dürfen geglaubt hatte, endlich den Zorn desselben zu fühlen. Als nun die Suawen ihres HerrschersUntergang sahen, schickten sie gnadeflehende Priester ihres Landes an Theodorid. Mit der Ehrfurcht, die Priestern gebührt, nahm er sie auf, gewährte ihnen nicht bloß Straflosigkeit für die Suawen, sondern in frommer Stimmung gestattete er ihnen sogar, aus ihrem Volk sich einen Fürsten zu setzen. Das geschah, und die Suawen erhoben den Rimismund zu ihrem Häuptling. Nach diesen Taten und nachdem er überall den Frieden gesichert hatte, starb Theodorid im dreizehnten Jahre seiner Regierung.

XLV.

Da sein Bruder Eurich sich mit übergroßer Eile der Herrschaft und Nachfolge versicherte, so fiel ein schrecklicher Verdacht auf ihn. Während dieser und anderer Vorgänge bei den Wesegoten wurde der Kaiser Valentinia [455] hinterlistig von Maximus ermordet, und dieser riß selbst nach Tyrannenart die Herrschaft an sich. Als dies der Wandalenkönig Gizerich vernahm, kam er mit einer Kriegsflotte von Afrika nach Italien, rückte in Rom ein und verwüstete alles. Maximus aber wurde auf der Flucht von einem römischen Soldaten namens Ursus getötet. Nach ihm übernahm auf Befehl des Marcian, des Beherrschers des Ostreichs, Majorian die Herrschaft des Abendlandes. Aber auch er saß nicht lange auf dem Thron; als er gegen die Alanen, die Gallien heimsuchten, sein Heer aufgeboten hatte, wurde er zu Dertona am Fluß Hyra getötet. Nun nahm Severus seine Stelle ein, der im dritten Jahr seiner Regierung zu Rom starb. Als das der Kaiser Leo, der im Osten auf Marcian in der Regierung gefolgt war, sah, schickte er den Patrizius Anthemius als Fürsten nach Rom. Nach seiner Ankunft schickte dieser sogleich seinen Schwiegersohn Rikimer gegen die Alanen, einen ausgezeichneten Mann, der damals wohl der bedeutendste Feldherr war. Beim ersten Kampf besiegte derselbe eine Menge Alanen mit ihrem König Beorgus und schlug sie bis zur Vernichtung. Als nun der Wesegotenkönig Eurich die häufigen Regierungswechsel in Rom sah, suchte er Gallien in seinen unabhängigen Besitz zu bringen. Auf die Kunde hiervon forderte der Kaiser Anthemius sogleich Unterstützung von den Briten. [470] Ihr König Riotimus kam mit 12000 Mann nach der Stadt Biturigas, wo er landete, und wurde dort aufgenommen. Gegen sie führte der Wesegotenkönig Eurich ein zahlloses Heer und kam ebenfalls dorthin. Lange kämpfte er mit dem Britenkönig Riotimus; doch schlug er ihn in die Flucht, noch ehe die Römer sich mit ihm vereinigen konnten. Nach dem Verlust eines großen Teiles seines Heeres floh jener, mit so vielen er konnte, und kam zu dem benachbarten Volk der Bugundzonen, die damals mit den Römern verbündet waren. Der Wesegotenkönig Eurich aber besetzte die Stadt Areverna in Gallien, da der Kaiser Anthemius schon gestorben war. [472] Als dieser nämlich mit seinem Schwiegervater Rikimer in grausamem Bürgerkrieg begriffen war und dabei Rom bedrängt hatte, wurde er von demselben getötet und hinterließ sein Reich dem Olybrius. In dieser Zeit starb in Konstantinopel Aspar, der erste der Patrizier, von vornehmer gotischer Abkunft, mit seinen Söhnen Ardabures und Patriziolus, von denen der erstere ehemaliger Patrizius, der letztere aber Cäsar und Schwiegersohn des Kaisers Leo geworden war, im Palast von den Schwertern der Verschnittenen durchbohrt. [473] Als Olybrius schon im achten Monate nach seinem Regierungsantritt starb, wurde Glycerius zu Ravenna mehr durch Anmaßung als durch Wahl Kaiser. Ihn stieß noch vor Ablauf des Jahres Nepos, der Schwestersohn des ehemaligen Patrizius Marcellinus, vom Thron und machte ihn in der römischen Hafenstadt zum Bischof. Als Eurich diese vielen Thronwechsel und Änderungen sah, bemächtigte er sich, wie oben gesagt, der Stadt Areverna, wo damals Ekdicius Anführer der Römer war, ein sehr vornehmer Senator und Sohn des früheren Kaisers Avitus, der auf wenige Tage die Herrschaft an sich gerissen gehabt hatte; er, der wenige Tage vor Olybrius das Reich besessen, trat nämlich freiwillig zurück in Placentia und wurde dort zum Bischof geweiht. Sein Sohn also, Ekdicius, kämpfte lange mit den Wesegoten, und da er ihnen nicht die Spitze bieten konnte, überließ er das Land und besonders die Stadt Areverna dem Feind und zog sich in sichere Gegenden zurück. Wie das der Kaiser Nepos hörte, befahl er Ekdicius, Gallien zu verlassen und zu ihm zu kommen, und setzte an seine Stelle den Heermeister Orestes. Dieser übernahm das Heer, zog gegen die Feinde aus und kam von Rom bis nach Ravenna. [475] Hier machte er halt und erhob seinen Sohn Augustulus zum Kaiser. Auf die Kunde davon floh Nepos nach Dalmatien und lebte dort, wo schon Glycerius, der frühere Kaiser, das Bistum von Salona hatte, zurückgezogen von der Regierung.

XLVI.

Als aber Augustulus [476] von seinem Vater Orestes in Ravenna zum Kaiser eingesetzt war, besetzte nicht lange darauf Odoaker, der König der Turkilingen, mit Skiren, Herulern und Hilfsscharen aus verschiedenen andern Stämmen Italien. Er tötete den Orestes, vertrieb seinen Sohn Augustulus und verdammte ihn zur Strafe der Verbannung nach dem Lukullanum in Kampanien. So fand auch die hesperische Herrschaft des römischen Volkes, deren sich im 709. Jahr der Stadt zuerst unter den Kaisern Oktavianus Augustus bemächtigt hatte, mit diesem Augustulus ihren Untergang im 522. Jahr der Regierung mit seinen Vor- und Vorvorgängern gerechnet, während nun Gotenkönige Rom und Italien inne hatten. Inzwischen ließ Odoaker, der König der fremden Völker, nach Unterwerfung von ganz Italien, um den Römern seine Furchtbarkeit zum voraus anzuzeigen, bald nach Beginn seiner Regierung den Grafen Bracilas bei Ravenna töten. [477] Er kräftigte sein Reich und behauptete es fast dreizehn Jahre lang bis zur Ankunft des Theodorich, von dem wir unten sprechen werden.

XLVII.

Indessen wollen wir zum Verlauf unserer Erzählung, wo wir dieselbe abgebrochen haben, zurückkehren, wie der Wesegotenkönig Eurich, da er des Römischen Reiches wankenden Zustand sah, Arelatum und Massilia in seine Gewalt brachte. Gizerich nämlich, der Wandalenkönig, hatte ihn durch Geschenke hierzu verlockt, um sich selbst vor den Gefahren, mit denen ihm Leo und Zeno drohten, zu sichern. Darum betrieb er es, daß die Ostrogoten das östliche, die Wesegoten das westliche Reich verwüsteten, damit, während beide Teile des Reiches von Feinden bekämpft würden, er selbst in Afrika in Frieden herrschen könne. Eurich ging freudig darauf ein. Spanien und Galllien hatte er schon vollständig in seiner Macht; zugleich unterwarf er auch die Burgundzonen; während seines neunzehnten Regierungsjahres aber fand er bei einem Aufenthalt in Arelatum den Tod. [484] Ihm folgte sein ehelicher Sohn Alarich nach, welcher als der neunte in der Reihe seit Alarich dem Großen die Herrschaft bei den Wesegoten bekam. Denn in gleichem Verlauf, wie wir es oben bei den Kaisern erwähnt haben, ging es bekanntlich auch bei den Alarich, und oft hören mit den Namen die Reiche auf, mit denen sie angefangen haben. Dies wollen wir jedoch einstweilen übergehen, und, wie wir versprochen, die ganze Herkunft der Goten entwikkeln.

XLVIII.

Da ich, so lange beide Völker, Ostrogoten und Wesegoten vereinigt waren, so gut ich konnte, die Berichte der Väter entrollt und über die von den Ostrogoten getrennten Wesegoten eingehend genug erzählt habe, so müssen wir nun zu ihren alten scythischen Wohnsitzen zurückkehren und der Ostrogoten Geschlechtstafel und Taten auf gleiche Weise vorführen. Von ihnen steht fest, daß sie nach dem Tod ihres Königs Hermanarich und ihrer Scheidung von den Wesegoten in Abhängigkeit von den Hunnen in demselben Lande blieben; jedoch behielt der Amaler Winithar die Abzeichen seines Fürstenrangs. Er nahm sich an seines Großvaters Wultwulf Tapferkeit ein Vorbild und versuchte, wenn auch weniger glücklich als Hermanarich, da er sich darüber grämte, der Hunnen Herrschaft unterworfen zu sein, sich derselben allmählich zu entziehen, und rückte, um seine Tapferkeit zu zeigen, in das Land der Anten ein. Beim Angriff auf dieselben jedoch unterlag er im ersten Kampf. Nun aber handelte er als mutiger Mann; ihren König mit Namen Boz, dessen Söhne und siebzig Vornehme ließ er zum abschreckenden Beispiel ans Kreuz schlagen, damit die dahängenden Leichen die Furcht bei den Unterworfenen verdoppelten. Da er nun in solcher Unabhängigkeit kaum eines Jahres Länge geherrscht hatte, duldete es Balamber, der Hunnenkönig nicht mehr, sondern verband sich mit Gesimund, Hunimunds des Großen Sohn, der eingedenk seines Eides und seiner Treue mit einem großen Teil der Goten noch unter der Herrschaft der Hunnen stand, erneuerte das Bündnis mit ihm und zog mit Heeresmacht gegen Winithar. In dem langen Streit siegte Winithar beim ersten und beim zweiten Gang, und niemand vermag zu sagen, wie große Verluste Winithar den Hunnen beibrachte. In der dritten Schlacht aber, da beide gegen ihn gezogen waren, schlich sich Balamber an den Fluß Erak heran und verwundete und tötete den Winithar durch einen Pfeilschuß in den Kopf. Darnach nahm er dessen Nichte Wadamerka zur Gemahlin und beherrschte nunmehr das ganze Gotenvolk, das im Frieden und in Untertänigkeit lebte, jedoch so, daß sie immer unter einem eigenen Oberhaupt, wenn auch nach der Wahl der Hunnen standen. Nachdem Winithar seinen Tod gefunden, regierte Hunimund über sie, ein Sohn des einst allgewaltigen Königs Hermanarich, tapfer im Streit und von blühender Schöne am ganzen Körper; später focht er glücklich gegen die Suawen. Nach seinem Tode folgte ihm sein Sohn Thorismund, blühend in Jugendkraft; er zog im zweiten Regierungsjahr gegen die Gepiden und soll nach einem großen Sieg über sie an einem Fall vom Pferde gestorben sein. Nach seinem Tod betrauerten ihn die Goten so, daß vierzig Jahre lang kein andrer König an seine Stelle trat, auf daß sein Andenken in ihrem Munde fortlebte, bis die Zeit käme, da Walamir zum Mann heranwuchs, der ein Sohn seines Geschwisterkindes Wandalar war. Ein Sohn von ihm nämlich, Beremud, war, wie wir schon oben erzählten, aus Verachtung gegen die Ostrogoten wegen der Herrschaft der Hunnen, den Wesegoten ins Abendland gefolgt. Von diesem stammte auch Witerich. Dieser Witerich hatte einen Sohn Eutharich, der verbunden mit Amalaswintha, der Tochter Theodorichs, so den schon getrennten Stamm der Amaler wieder vereinigte und den Athalarich und die Matheswintha zeugte. Weil aber Athalarich in jungen Jahren starb, wurde Matheswintha nach Konstantinopel gebracht und gebar ihrem zweiten Mann, dem Germanus, einem Geschwisterkind des Kaisers Justinian, einen nachgeborenen Sohn, den sie Germanus nannte.

Wir aber wollen, um mit der begonnenen Erzählung zu Ende zu kommen, zu Wandalars Nachkommenschaft, die in drei Sprossen ergrünte, zurückkehren. Dieser Wandalar nämlich, der Urgroßneffe Hermanarichs und Vater des obengenannten Thorismund, rühmte sich dreier Kinder im Stamm der Amaler, nämlich des Walamir, Thiudimir und Widimir. Von ihnen bestieg nach der Erbfolge Walamir den Thron, während die Goten noch mit andern Völkern den Hunnen untertänig waren. Damals war es erfreulich, das Tun dieser drei Brüder zu betrachten, da der bewundernswerte Thiudimir für das Reich seines Bruders Walamir den Krieg führte, Walamir aber für den andern mit Ausrüstung sorgte, Widimir sich bestrebte, seinen Brüdern behilflich zu sein. Da sie sich so in gegenseitiger Zuneigung förderten, hatte jeder seinen Anteil am Reich, das sie beide in Frieden hielten. Sie regierten aber, wie schon oft gesagt, so, daß sie auch Attila, dem Hunnenkönig untergeben waren. Sie hätten sich nicht einmal weigern dürfen, gegen ihre Verwandten, die Wesegoten, zu kämpfen; der zwingende Befehl des Herrn muß, auch wenn er Vatermord heischt, erfüllt werden. Und auf keine andere Weise hätte irgendein scythischer Stamm von der Herrschaft der Hunnen losgerissen werden können, als durch das allen Völkern insgemein und besonders den Römern erwünschte Ereignis des Todes Attilas, der ebenso schmählich war, als sein Leben bewundernswürdig.

XLIX.

Dieser hatte sich, wie der Geschichtschreiber Priskus berichtet, zur Zeit seines Todes ein Mädchen von sehr großer Schönheit, namens Ildiko, [453] nach unzähligen Frauen, wie es bei jenem Volke Sitte war, zur Gattin gesellt. Als er sich nun bei der Hochzeit einer allzugroßen Fröhlichkeit hingegeben und dann schwer von Wein und Schlaflust sich rücklings niedergelegt hatte, erstickte ihn der Blutstrom, der sich ihm häufig aus der Nase ergoß, als ihm der gewohnte Ausgang versperrt war, dadurch, daß er sich den todbringenden Weg in den Schlund bahnte. So brachte dem kriegsberühmten Könige seine Trunkenheit ein schmähliches Ende. Als am folgenden Morgen bereits ein großer Teil des Tages verstrichen war, argwöhnten die königlichen Diener ein trauriges Ereignis. Nachdem sie ein lautes Geschrei erhoben, erbrachen sie die Tür und fanden den Attila tot ohne Wunde infolge des Blutsturzes, das Mädchen aber mit niedergeschlagener Miene und verhülltem Haupte weinend. Da schnitten sie sich, wie es bei jenem Volke Sitte ist, einen Teil des Haupthaars ab und entstellten ihr abscheuliches Gesicht durch klaffende Wunden, damit der große Kriegsheld nicht mit weibischen Klagen und Tränen, sondern mit Männerblut betrauert werde. Hierbei ereignete es sich merkwürdigerweise, daß die Gottheit im Traum zu Marcian, dem Fürsten des Morgenlandes, dem bange war wegen eines so furchtbaren Feindes, herantrat und ihm in derselben Nacht den zerbrochenen Bogen Attilas zeigte, da ja jenes Volk sich auf diese Waffe viel zu gut tat. Dies behauptet der Geschichtschreiber Priskus mit zuverlässigem Zeugnis erhärten zu können. So furchtbar erschien Attila den großen Reichen, daß sie seinen Tod wie ein Geschenk von oben den Herrschern des Himmels anrechneten. Wie sein Leichnam von seinem Volk geehrt wurde, davon wollen wir nur weniges aus vielem hervorheben. Mitten auf dem Felde unter seidenen Zelten wurden seine sterblichen Reste aufgebahrt. Dann führten sie ein wunderbares feierliches Schauspiel auf. Die besten Reiter aus dem ganzen Hunnenvolk ritten um den Platz herum, wo er lag, wie bei Zirkusspielen, und verherrlichten seine Taten in Leichengesängen auf folgende Weise: „Attila, der Hehre, Beherrscher der Hunnen, Mundzuks Erzeugter, König kampfmutiger Völker, der wie kein andrer vor ihm Scythiens und Germaniens Reiche mit unerhörter Macht allein regierte, der beiden Römerreiche Schrecken, der Städteeroberer; um nicht das übrige der Plünderung anheimfallen zu lassen, ließ er sich erbitten, jährlichen Tribut anzunehmen. Da er alles dieses mit Glück vollbracht hatte, fand er nicht durch eine Wunde der Feinde, nicht durch den Trug der Seinigen, mitten im freudigsten Glück, im Glanz seines Volkes, sonder Schmerzensempfindung den Tod. Wer sollte also das für des Lebens Ende halten, wo niemand an Rache denken kann?“ Nachdem sie ihn mit solchen Klageliedern betrauert, feierten sie ihm auf seinem Grabhügel eine *strava*, wie sie es nennen, mit unermeßlichem Trinkgelage, und indem sie Gegensätze miteinander verbanden, vermischten sie die Todesklage mit Äußerungen der Freude. Dann übergaben sie in der Stille der Nacht den Leichnam der Erde. Seinen ersten Sarg hatten sie aus Gold, den zweiten aus Silber, den dritten aus Eisen gefertigt; damit zeigten sie, daß alles dieses dem mächtigen König zukomme: das Eisen, weil er die Völker bezwang, Gold und Silber, weil er die

Zierden beider Reiche erhalten habe; dazu legten sie durch Feindes Tod erbeutete Waffen, kostbaren Pferdeschmuck, strahlend von Edelsteinen aller Art, und mancherlei Ehrenzeichen, mit denen der Glanz des Hofes geziert wird. Und damit menschliche Neugier von so vielen großen Reichtümern ferngehalten werde, töteten sie – ein schrecklicher Lohn! – die mit der Arbeit Beauftragten nach vollbrachtem Werk, und die Totengräber, wie den Begrabenen überraschte ein plötzlicher Tod.

L.

Darnach brach – gewöhnlich ja stachelt die Herrschsucht die Jugend – unter den Nachfolgern Attilas ein Streit um das Reich aus, und da sie töricht alle zu herrschen begehrten, verloren sie alle zugleich die Herrschaft. So ist oft für Königreiche der Überfluß an Thronfolgern verhängnisvoller als der Mangel. Denn die Söhne Attilas, die wegen dessen unbeschränkter Wollust fast ein ganzes Volk bildeten, forderten eine gleichmäßige Verteilung der Völker unter sich, so daß die kriegerischen Könige mit ihren Völkern wie Leibeigene verlost würden. Als dies der Gepidenkönig Ardarich erfuhr, erhob er sich zuerst, entrüstet darüber, daß über das Schicksal so vieler Völker wie über das der gemeinsten Sklaven verhandelt werde, gegen Attilas Söhne und schüttelte glücklich das schmähliche Joch der Knechtschaft ab, und nicht nur sein Volk, sondern auch die übrigen, die ebenso gedrückt waren, erlöste er durch seinen Abfall; denn alle greifen gern bei dem, was zum Wohle aller unternommen wird, mit an. Nun rüstete man sich zum gegenseitigen Vernichtungskrieg. In Pannonien an dem Fluß, der Nedao heißt, kam es zum Kampf. Hier stießen die verschiedenen Völker aufeinander, welche Attila in seiner Botmäßigkeit gehalten hatte. Die Reiche spalteten sich mit den Völkern, und aus einem Körper wurden verschiedene Glieder, welche nicht mehr das Leid tragen halfen, wenn eines litt, sondern nach Vernichtung des Hauptes gegeneinander wüteten; die tapfersten Stämme, die nie auf einen ebenbürtigen Feind gestoßen wären, wenn sie nicht sich selbst zerfleischten, wollten sich selbst aufreiben. Wahrlich, das muß ein bewundernswertes Schauspiel gewesen sein, wo man sah den mit Spießen kämpfenden Goten, den mit dem Schwert wütenden Gepiden, der seine Waffe in der Wunde der Rugier zerbricht, den Suawen, der mit seiner Geschwindigkeit, den Hunnen, der mit dem Bogen sich hervortut, den Alanen, der in schwerer Rüstung, den Heruler, der mit leichter Bewaffnung zum Kampfe schreitet. Nach langem, schwerem Streit also lächelte den Gepiden ein unverhoffter Sieg. Denn an dreißigtausend der Hunnen und der andern Völker, die zu ihnen hielten, tötete des Ardarich und seiner Mitverschworenen Schwert.

In dieser Schlacht fiel Attilas ältester Sohn, namens Ellak, den sein Vater so sehr vor allen übrigen geliebt haben soll, daß er ihn seinen sämtlichen verschiedenen andern Söhnen im Reich vorzog. Aber nicht stimmte das Schicksal mit des Vaters Wunsch überein. Nachdem er viele Feinde erschlagen, soll er mannhaft kämpfend gefallen sein, so daß sein Vater – hätte er noch gelebt – sich einen ebenso ruhmvollen Tod gewünscht hätte. Nach seinem Tode aber wurden seine Brüder an die Küste des Pontischen Meeres getrieben, wo unserer früheren Erzählung zufolge die Goten gesessen hatten. So unterlagen die Hunnen, vor denen nach allgemeiner Erwartung die Welt hatte unterliegen sollen.

So verderblich ist die Zwietracht, daß nach der Trennung die zusammenstürzten, die bei vereinigten Kräften der Schrecken der übrigen gewesen waren. Dieser Erfolg des Gepidenkönigs Ardarich war den verschiedenen Völkern glückbringend, die widerwillig der Herrschaft der Hunnen gedient hatten; ihre lange Zeit tieftraurigen Gemüter richtete dies zur Freude der ersehnten Freiheit auf. Viele schickten Gesandte ins Römische Reich, wurden vom damaligen Kaiser Marcian sehr freundlich aufgenommen und erhielten Wohnsitze zum Anbau zugeteilt.

Die Gepiden nämlich nahmen das bisherige Gebiet der Hunnen mit Gewalt für sich in Anspruch, bemächtigten sich als Sieger des ganzen Daziens und bedangen sich in einem Freundschaftsvertrag mit den Römern nur Frieden und Jahrgelder als tapfere Männer aus. Der Kaiser bewilligte dies gern, und bis heute erhält dieses Volk vom römischen Kaiser das herkömmliche Geschenk. Als aber die Goten sahen, daß die Gepiden die Wohnsitze der Hunnen siegreich behaupteten, die Hunnen aber ihre eigenen alten Wohnsitze besetzten, zogen sie es vor, das Römische Reich um Land zu bitten, statt mit eigener Gefahr in ein fremdes einzudringen, und bekamen Pannonien, eine weithin sich erstreckende Ebene mit dem Obern Mösien im Osten, Dalmatien im Süden, Norikum im Westen, der Donau im Norden, ein Land, das mit sehr vielen Städten geziert ist, von denen die nächste Syrmis, die letzte Vindomina ist.

Die Sauromaten ferner, die wir Sarmaten nennen, die Zemandrer und Teile der Hunnen bewohnten Landstücke, welche sie in Illyrikum bei der Stadt Kastramartena erhalten hatten. Zu ihnen gehörte Bliwila, der Herzog der Pentapolis, und sein Bruder Froila und in unserer Zeit der Patrizius Bessa. Die Skyren aber, die Sadagarier und einige Alanen mit ihrem Anführer Kandak bekamen Kleinscythien und das Untere Mösien. Paria, der Vater meines Vaters Alanoviiamuthis, das heißt mein Großvater, war der Notar dieses Kandak, so lange er lebte, und bei seinem Schwestersohn Gunthik, der Heermeister, der auch Baza genannt wurde, und ein Sohn des Andages, des Sohnes des Andela aus dem Geschlecht der Amaler war, war ich, Jordanis, wiewohl ich kein Gelehrter bin, ebenfalls vor meiner Bekehrung Notar.

Die Rugier aber und einige andere Stämme baten um die Erlaubnis zur Niederlassung in Bizzis und Arkadiopolis. Auch Hernak, ein jüngerer Sohn Attilas, wählte sich zum Wohnort für die Seinigen die äußersten Teile von Kleinscythien. Seine Vettern Emnetzur und Ultzindur bemächtigten sich in Uferdazien der Städte Utus, Hiskus und Almus; und viele Hunnen eilten von überall herzu und unterwarfen sich, indem sie Wohnsitze in Romanien erhielten; von diesen nennt man noch heute die Sakromontisier und Fossatisier.

LI.

Es gab auch noch andere Goten, die sogenannten Kleingoten, ein unzähliges Volk. Ihr Priester und oberster Bischof war Wulfila, der ihnen auch die Buchstaben erfunden haben soll. Heutzutage bewohnen sie in Mösien die Gegend von Nikopolis am Fuß des Emimontus, ein zahlreiches, aber armes und unkriegerisches Volk, das an nichts reich ist als an Herden aller Art, an Tristen für das Vieh und an Holz im Wald; das Land hat wenig Weizen, ist aber reich an anderen Fruchtarten. Von Weinpflanzungen aber wissen sie nicht einmal, daß es anderswo solche gibt, und sie kaufen sich den Wein aus der Nachbarschaft. Meist aber trinken sie Milch.

LII.

Um nun auf das Volk, um das es sich handelt, nämlich die Ostrogoten zurück zu kommen, die in Pannonien unter dem König Walamir und seinen Brüdern Thiudimir und Widimir wohnten, wenn auch örtlich getrennt, so doch einig im Sinn – es saß nämlich Walamir zwischen den Flüssen Skarniunga und Aquanigra, Thiudimir am See Pelsois, Widimir zwischen den beiden andern –, so geschah es, daß die Söhne Attilas auf die Goten als auf Abgefallene von ihrer Herrschaft, wie auf flüchtige Sklaven, fahndeten und ohne Wissen der anderen Brüder den Walamir allein überfielen. Dieser aber bereitete ihnen einen guten Empfang, wenn auch nur mit einer kleinen Schar, und nach langem Kampf schlug er sie so, daß kaum ein kleiner Teil der Feinde übrig blieb. Dieser eilte, in die Flucht gejagt, nach den Gegenden Scythiens, welche die Fluten des Danaber bespülen, den die Hunnen in ihrer Sprache Bar nennen. Darnach schickte Walamir an seinen Bruder Thiudimir einen Freudenboten; als aber derselbe in den Palast Thiudimirs kam, fand er hier an diesem Tag eine noch viel größere Freude. Diesem war nämlich gerade am selben Tage ein Söhnlein Theodorich, ein hoffnungsvolles Knäblein, wenn auch von einer Beischläferin Erelieva geboren. Nicht lange darnach, als die gewohnten Gaben vom Kaiser Marcian ausblieben, die sie unter der Form von Geschenken bekamen, um den Frieden zu halten, schickten Walamir und seine Brüder Thiudimir und Widimir an den Kaiser eine Gesandtschaft.

Diese sah, wie Theodorich, der Sohn des Triarius, ebenfalls ein Gote, aber nicht aus dem Blute der Amaler, mit den Seinigen dort in hohem Ansehen stand, und daß er, in enger Freundschaft mit den Römern, die gewöhnlichen Jahrgelder erhielt, während man sie allein vernachlässigte. Da griffen die Goten wütend sogleich zu den Waffen und durchzogen plündernd und verheerend fast ganz Illyrikum. Sogleich änderte nun der Kaiser seinen Sinn und kam wieder zur alten Freundschaft zurück. Er schickte eine Gesandtschaft und zahlte die früheren, wie die bevorstehenden Geschenke aus, versprach auch, sie in Zukunft ohne Weigerung zu entrichten, und erhielt von ihnen den obenerwähnten Theodorich, das Söhnlein Thiudimirs, als Geisel für den Frieden. Dieser war schon zu einem Knaben von sieben Jahren herangewachsen und in das achte Jahr getreten. Als der Vater zögerte, ihn herauszugeben, flehte ihn der Oheim Walamir darum an, nur damit der Friede zwischen Römern und Goten ungestört bliebe. So wurde Theodorich von den Goten als Geisel ausgeliefert, wurde nach der Stadt Konstantinopel zum Kaiser Leo geführt, und da er ein schöner Knabe war, erfreute er sich der kaiserlichen Gunst.

LIII.

Nachdem so der Friede der Goten mit den Römern sichergestellt worden war, sahen die ersteren, daß das, was sie von dem Kaiser erhielten, ihnen nicht ausreiche, und begannen, um zugleich ihre gewohnte Tapferkeit glänzen zu lassen, die Nachbarvölker ringsherum auszuplündern. Zuerst wandten sie gegen die Sadagen, die das innere Pannonien besaßen, ihre Waffen. Als dies der Hunnenkönig Dintzik, ein Sohn Attilas, erfuhr, sammelte er alle, welche – wenn es auch nur wenige waren – noch unter seiner Herrschaft standen, die Ultzinzuren, Angiskiren, Bittuguren, Bardoren, und rückte auf Basiana, eine Stadt in Pannonien, zu, ließ sie mit einem Belagerungswall umgeben und fing an, ihr Gebiet zu brandschatzen. Daraufhin brachen die Goten den Feldzug, den sie gegen die Sadagen hatten unternehmen wollen, auf der Stelle ab, zogen gegen die Hunnen und jagten sie so schmählich aus dem Land hinaus, daß von dieser Zeit an bis auf den heutigen Tag die übriggebliebenen Hunnen sich vor den Waffen der Goten fürchten. Als die Hunnen endlich vor den Goten Ruhe hatten, zog der Suawenherzog Hunimund aus, um Dalmatien zu plündern, und raubte dabei auch die Herden der Goten, die auf den Triften weideten. Suawien ist nämlich Dalmatien benachbart und auch nicht weit von Pannonien entfernt, besonders von dem Teil, wo damals die Goten wohnten. Und nun, um kurz zu sein: als Hunimund mit seinen Suawen nach Verwüstung Dalmatiens heimkehrte, paßte ihm Thiudimir, der Bruder des Gotenkönigs Walamir, den nicht so sehr der Verlust der Herden schmerzte, als er befürchtete, die Suawen möchten, wenn sie ungestraft sich solches erlauben dürften, sich noch weitere Frechheiten herausnehmen, scharf beim Übergang auf; in einer stürmischen Nacht, als sie schliefen, griff er sie am See Pelsodis an und brachte sie durch die unerwartete Schlacht in solche Bedrängnis, daß ihr König Hunimund selbst gefangen genommen wurde und sich mit seinem ganzen Heer, so weit es dem Schwert entronnen war, den Goten unterwarf. Da Thiudimir aber ein mitleidiges Herz hatte, schenkte er ihnen Gnade, nachdem er sich gerächt hatte, söhnte sich mit den Suawen aus, nahm den gefangenen Hunimund an Sohnes Statt an und schickte ihn dann mit den Seinigen nach Suawien zurück. Hunimund aber vergaß die väterliche Gunstbezeigung und brachte nach einiger Zeit die lang im Herzen gehegte Arglist zutage. Er hetzte das Volk der Skiren auf, die damals an der Donau saßen und mit den Goten in Frieden lebten, daß sie das Bündnis mit denselben brachen und in Verbindung mit ihm zu den Waffen griffen und gegen die Goten zogen.

Da erhob sich nun den Goten, die sich nichts Schlimmes versahen, besonders da sie auf beide Nachbarn als Freunde fest vertrauten, unverhofft ein Krieg. Notgedrungen nahmen sie zu den Waffen ihre Zuflucht, kämpften den gewohnten Kampf und rächten sich für die ihnen zugefügte Unbill.

Als in dieser Schlacht ihr König Walamir vor der Front vorbeiritt, um die Seinigen anzufeuern, scheute das Pferd, stürzte und warf den Reiter ab, der sogleich von den Speeren der Feinde durchbohrt und getötet wurde.

Die Goten aber heischten sowohl für ihres Königs Tod als für die ihnen angetane Schmach Sühne von den Empörern und kämpften dermaßen, daß von dem Stamm der Skiren fast niemand übrig blieb bis auf wenige, die wenigstens noch den Namen erhielten, und auch diese nur mit Schande; so wurde alles mit Stumpf und Stiel zusammengehauen.

LIV.

Ihr Untergang erweckte Furcht in den Herzen der Suawenkönige Hunimund und Alarich. Sie zogen gleichfalls gegen die Goten im Vertrauen auf die Unterstützung der Sarmaten, die ihnen mit ihren Königen Beuka und Babai zu Hilfe gekommen waren; auch die Reste der Skiren mit ihren Häuptlingen Edika und Hunwulf riefen sie herbei, die, wie sie hofften, um sich zu rächen, mit großer Erbitterung kämpfen sollten; dazu hatten sie noch Gepiden bei sich, sowie nicht unbedeutende Verstärkungen von den Rugiern und noch andern, die sie aus allen Gegenden zusammenlasen, und brachten eine gewaltige Menge zusammen.

Am Fluß Bolia in Pannonien schlugen sie ihr Lager auf.

Die Goten hatten nach Walamirs Tod zu seinem Bruder Thiudimir ihre Zuflucht genommen. Obwohl dieser schon lange neben seinen Brüdern König gewesen war, nahm er doch jetzt erst die Zeichen höherer Machtstellung an.

Er rief seinen jüngeren Bruder Widimir herbei, und nachdem er mit diesem die Sorgen für den Krieg geteilt hatte, griff er notgedrungen zu den Waffen. Als sich der Kampf entspann, behielten die Goten die Oberhand, so daß das Feld vom Blut der getöteten Feinde wie ein rotes Meer erschien und Waffen und Leichen bergartig aufgetürmt das Gefilde auf mehr als 10000 Schritte bedeckten. Als das die Goten sahen, erfüllte sie unaussprechlicher Jubel, weil sie ihres Königs Walamir Blut und das Unrecht, das die Feinde begangen, mit einer so großen Niederlage derselben gerächt hatten.

Wer von der unzähligen, bunten Menge der Feinde zu entrinnen imstande war, kam mit Mühe und Not ruhmlos durch die Flucht nach Hause.

LV.

Nach einiger Zeit, als die Winterkälte bevorstand, und die Donau, wie gewöhnlich, fest zugefroren war – denn dieser Fluß gefriert so fest, daß er, hart wie Stein, ein ganzes Heer zu Fuß trägt und Wagen und Schlitten und alle möglichen Fuhrwerke, so daß man der Kähne nicht bedarf – da führte der Gotenkönig Thiudimir, als er sie so zugefroren sah, sein Heer zu Fuß darüber und erschien unerwartet im Rücken der Suawen. Jenes Land der Suawen hat nämlich im Osten die Baiwaren, im Westen die Franken, im Süden die Burgundzonen, im Norden die Thüringer zu Nachbarn. Mit diesen Suawen waren damals auch die Alamannen verbunden, die ganz auf den Gipfeln der Alpen wohnten, von wo einige Flüsse, mit großem Getöse herabstürzend, der Donau zuströmen. Hierher an einen hochgeschützten Ort führte der König Thiudimir zur Winterszeit das Heer der Goten und besiegte Suawen und Alamannen, die miteinander verbündet waren, verheerte ihr Land und unterwarf sie nahezu. Von hier kehrte er siegreich in seine Heimat nach Pannonien zurück und empfing mit großer Freude seinen Sohn Theodorich, den er als Geisel nach Konstantinopel gegeben hatte, und der nun reichbeschenkt vom Kaiser Leo zurückgeschickt worden war. Dieser Theodorich, der schon das Knabenalter zurückgelegt hatte und in das des Jünglings eingetreten war – er zählte 18 Jahre –, nahm zuverlässige Gefährten seines Vaters, Anhänger aus dem Volk und Gefolgschaftsmannen zu sich, gegen 6000 Mann, mit denen er ohne Wissen des Vaters über die Donau ging. Hier fiel er über Babai, den König der Sarmaten her, der damals über Kamundus, den Anführer der

Römer, einen Sieg davongetragen hatte und aufgebläht von Hochmut in seinem Land regierte, und tötete ihn beim Überfall, brandschatzte seine Familie, nahm sein Vermögen und kehrte mit dem Sieg zum Vater zurück. Darauf nahm er die Stadt Singidunum, welche die Sarmaten selbst besetzt hatten, gab sie aber nicht den Römern zurück, sondern schlug sie zu seinem Reich.

LVI.

Später, als da und dort bei den Nachbarvölkern die Ergebnisse der Raubzüge spärlicher ausfielen, fehlte es auch den Goten allmählich an Nahrung und Kleidung, und es wurde ihnen, Leuten, denen schon lange der Krieg die einzige Erwerbsquelle gewesen war, der Friede unbequem; sie zogen alle zusammen mit lautem Geschrei vor den König Thiudimir und baten, er möge doch irgendwohin zum Krieg ausziehen, wohin er nur wolle. Dieser rief seinen Bruder herbei, und nach der Entscheidung des Loses forderte er ihn auf, nach Italien zu ziehen, wo damals der Kaiser Glycerius herrschte; [473] er selbst wählte sich als der Stärkere ein stärkeres Reich, nämlich das Oströmische, aus. So geschah es auch. Kaum war Widimir aber in Italien eingerückt, als er dem Tod seine Schuld entrichtete und aus diesem Leben schied. Als Nachfolger in der Herrschaft hinterließ er seinen gleichnamigen Sohn Widimir. Diesem gab der Kaiser Geschenke und wußte ihn so von Italien nach Gallien abzuleiten, das von verschiedenen Völkern ringsum bedrängt wurde; „dort", fügte er hinzu, „wohnen auch die Wesegoten, eure Stammesverwandten". Kurz, Widimir nahm die Geschenke und den Auftrag des Kaisers Glycerius an und zog nach Gallien. Hier vereinigte er sich mit seinen Stammesverwandten, den Wesegoten, verschmolz die Seinigen mit ihnen zu einem Volk, wie sie es früher gewesen waren, und so bewohnten sie Gallien und Spanien und behaupten es so, daß dort kein anderer die Obermacht über sie hat.

Thiudimir aber, der ältere Bruder, zog mit den Seinigen über den Fluß Saus und bedrohte die Sarmaten und die römische Besatzung mit Krieg, wenn sie ihm etwa im Weg stehen sollten. Aus Furcht davor hielten sie sich ruhig und vermochten auch nichts gegenüber der so großen Menge.

Als Thiudimir sah, daß ihm alles gut vonstatten gehe, griff er Naissus an, die erste Stadt Illyrikums, gab seinem Sohn Theodorich die Grafen Astat und Invilia bei und schickte sie dann durch Kastrum Herculis und Ulpiana.

Als sie dorthin kamen, ergab sich ihnen dieses selbst, wie auch die Stadt Stobis und sie machten sich mehrere Gegenden von Illyrikum, die sie vorher nicht hatten betreten können, nun erst zugänglich.

Zuerst suchten sie Eraklea und Larissa, zwei Städte in Thessalien, mit einem Raubzug heim, dann bemächtigten sie sich nach Kriegsrecht auch der Städte selbst. Als nun der König Thiudimir sein eigenes Glück sowie das seines Sohnes sah, war er damit noch nicht zufrieden. Er verließ Naissus, ließ nur wenige Leute zur Bewachung da und griff Thessalonika an, wo sich der Patrizius Hilarianus aufhielt, der mit einem Heer vom Kaiser dorthin geschickt war.

Als dieser sah, daß Thessalonich mit einem Wall umgeben werde und er ihrer Kühnheit nicht widerstehen könne, schickte er zu Thiudimir eine Gesandtschaft, bot ihm Geschenke an und brachte ihn dadurch von der Zerstörung der Stadt ab. Dann schloß der Anführer der Römer einen Vertrag mit den Goten und übergab ihnen freiwillig einige Orte zum Wohnen, nämlich Cerrus, Pellas, Europa, Mediana, Petina, Bereu und einen andern Ort, der Sium genannt wird.

Hier legten die Goten mit ihrem König die Waffen nieder und lebten im Frieden. Nicht lange darauf wurde auch König Thiudimir in der Stadt Cerrus von einer tödlichen Krankheit ergriffen. Er berief deshalb eine Versammlung der Goten und bezeichnete seinen Sohn Theodorich als Erben; kurz nachher starb er.

LVII.

Die Nachricht von der Erhebung Theodorichs zum König bei seinem Volke nahm der Kaiser Zeno freudig auf; er schickte einen Einladungsbrief an ihn, worin er ihn aufforderte, zu ihm nach Konstantinopel zu kommen. Hier empfing er ihn mit den gebührenden Ehren und gesellte ihn den Großwürdenträgern im Palast bei. Nach einiger Zeit nahm er ihn, um seine Ehre noch zu erhöhen, als Waffensohn an und gewährte ihm aus seinen eigenen Mitteln einen Triumphzug in der Stadt; er wurde zum ordentlichen Konsul erhoben, eine Auszeichnung, die für die höchste Zierde in der Welt gilt; aber nicht genug damit – er ließ auch ein Reiterstandbild zur Ehre eines so großen Mannes vor dem kaiserlichen Schloß aufstellen. Während Theodorich so in enger Verbindung mit Zenos Reich in Konstantinopel alles Gute genoß, und zu hören bekam, sein in Illyrikum, wie wir oben erwähnt haben, wohnendes Volk befinde sich durchaus nicht in Wohlstand und Überfluß, zog er es vor, nach der Sitte seines Stammes sein Leben zu einem tatenreichen zu machen, statt in träger Ruhe die Güter des Römischen Reiches zu genießen, während sein Volk ein dürftiges Leben führe. In dieser Absicht sprach er zum Kaiser: „Obgleich es mir, da ich deiner Herrschaft diene, an nichts gebricht, so möge doch eure Gnade, wenn sie es für gut hält, meines Herzens Wunsch gütig vernehmen“. Als ihm nun, wie gewöhnlich, freundlich die Erlaubnis erteilt war, sagte er: „Warum schwankt Hesperien, das lange unter eurer Vorgänger und Vorvorgänger Herrschaft stand, und jene Stadt, das Haupt und die Herrin der Welt, nun unter der Willkür des Königs der Torkilingen und Rugier hin und her? Schicke mich mit meinem Volk, wenn du willst, dorthin, damit du hier die schwere Kostenlast los wirst und dort, wenn ich mit Gottes Hilfe siege, der Ruhm eurer Frömmigkeit aufstrahle.

Denn es ist für euch von Vorteil, wenn ich, euer Knecht und Sohn, nach dem Sieg jenes Reich aus eurer Hand zum Besitz erhalte, nicht aber jener, den ihr nicht kennt, mit dem Joch seiner Willkürherrschaft, euern Senat und einen Teil des Reiches in knechtischer Gefangenschaft bedrückt; denn wenn ich siege, werde ich es durch eure Gnade und als euer Geschenk besitzen; wenn ich unterliege, wird eure Frömmigkeit nichts verlieren; im Gegenteil, sie wird die Kosten für uns sparen". Darauf willfahrte der Kaiser, wiewohl er über sein Scheiden betrübt war, da er ihn nicht kränken wollte, seinem Verlangen und entließ ihn reichbeschenkt, indem er ihm den Senat und das Römische Reich anbefahl. So verließ Theodorich die Kaiserstadt und kehrte zu den Seinigen zurück. [489] Hier nahm er das ganze Volk der Goten, jedoch nur, so viele davon ihm ihre Zustimmung gaben, mit sich und brach auf nach Hesperien.

Er zog gerades Weges durch Sirmis, durch das benachbarte Pannonien und betrat dann das venetische Gebiet. Bei der sogenannten Sontiusbrücke schlug er sein Lager auf, und nachdem er hier zur Erholung von Menschen und Vieh ein wenig stille gehalten hatte, schickte Odoaker ein Heer gegen ihn.

Theodorich zog ihm entgegen und vernichtete es in der Ebene von Verona in einer großen Schlacht. Hierauf brach er sein Lager ab und rückte mit größerer Zuversicht in Italien ein. Nachdem er den Padus überschritten hatte, schlug er bei der Kaiserstadt Ravenna sein Lager auf, ungefähr drei Meilen von derselben entfernt an einem Ort, der Pineta heißt. Als dies Odoaker sah, zog er sich in die feste Stadt zurück; heimlich bei Nacht führte er öfter die Seinigen heraus, um das Heer der Goten zu beunruhigen, und nicht ein- oder zweimal, sondern häufig, und trieb es so fast volle drei Jahre. Aber er machte vergebliche Anstrengungen; denn schon nannte ganz Italien Theodorich seinen Herrn, und nach dessen Willen handelte das ganze Land.

Nur Odoaker allein mit wenigem Gefolge und den Römern, die bei ihm waren, hatte täglich von Hungersnot und vom Krieg innerhalb Ravenna zu leiden. [493] Da er nichts ausrichtete, schickte er eine Gesandtschaft und bat um Gnade.

Zuerst versprach sie ihm auch Theodorich; nachher aber nahm er ihm das Leben. Im dritten Jahr nach seinem Einrücken in Italien gab er auf den Rat des Kaisers Zeno die Tracht eines Untertans und die Kleidung seines Volkes auf, nahm die Zeichen königlichen Schmuckes an als König der Goten und Römer, schickte eine Gesandtschaft an den Frankenkönig Lodoin und bat ihn um seine Tochter Audefleda zur Ehe. Gern und bereitwillig gab sie ihm derselbe, da er glaubte, daß seine Söhne Celdebert und Heldebert und Thiudebert durch diese Verbindung in freundschaftliche Beziehungen zum Gotenvolke kämen. Aber dieses Verhältnis half wenig zur Wahrung des Friedens, weil sie oft wegen gallischer Landstriche schwere Kämpfe miteinander hatten. Nie wich der Gote vor dem Franken, so lange Theodorich lebte.

LVIII.

Bevor er mit der Audefleda Nachkommenschaft erzielte, bekam er von einer Beischläferin zwei natürliche Töchter, die er noch in Mösien erzeugt hatte, eine mit Namen Thiudigoto, die andere Ostrogoto. Diese verheiratete er, als er nach Italien gekommen war, an benachbarte Könige, die eine an Alarich (II), den König der Wesegoten, die andere an Sigismund, den Burgundzonenkönig. Alarichs Sohn war Amalarich. Als diesen, der schon als Knabe beide Eltern verlor, sein Großvater Theodorich mit vieler Sorgfalt aufzog, erfuhr er, daß der junge Eutharich, der Sohn des Weterich, Enkel des Beremud und Urenkel des Thorismund, aus dem Geschlecht der Amaler, in Spanien sich aufhalte; er sei in jugendlichem Alter herrlich an Weisheit, Tapferkeit und von untadeliger Gestalt. Er ließ ihn daher zu sich kommen und gab ihm seine Tochter Amalaswintha in die Ehe. Und um sein Geschlecht noch mehr auszubreiten, schickte er seine Schwester Amalafrida, die Mutter des nachmaligen Königs Theodahad, nach Afrika als Gemahlin für den Wandalenkönig Thrasamund; ihre Tochter, seine Nichte Amalaberga, verband er mit dem Thüringerkönig Hermenefrid.

Seinen Grafen Pitzamus, den er unter die Ersten in seiner Umgebung erhoben hatte, schickte er ab, um sich der Stadt Sirmium zu bemächtigen. Pitzamus vertrieb auch den dortigen König Trasarich, den Sohn Trapstilas, und besetzte die Stadt, indem er dessen Mutter bei sich behielt. Hierauf kam er gegen Savinianus, den Heermeister in Illyrikum, der damals mit Mundo im Streit lag, bei der Stadt Margoplanum, die zwischen der Donau und dem Margus liegt, mit 2000 Mann zu Fuß und 500 Mann zu Pferd dem Mundo zu Hilfe und schlug das illyrische Heer.

Dieser Mundo nämlich, aus Attilas Stamm, war vor den Gepiden geflohen und schweifte jenseits der Donau in unbebauten und unbewohnten Gegenden umher.

Mit Hilfe von allenthalben zusammengerafften Strauchdieben, Räubern und Mördern besetzte er einen Turm, der Herta heißt, am Donauufer und hatte sich hier, wo er ein rohes Leben von der Beraubung der Umgegend führte, zum König über seine Wegelagerer gemacht.

Diesem also, der schon in einer verzweifelten Lage war und daran dachte, sich zu ergeben, kam Petza zu Hilfe, rettete ihn aus den Händen Savinians und brachte ihn dazu, daß er sich zum Dank dem König Theodorich unterwarf.

Nicht weniger hohen Siegesruhm erwarb er mit der Besiegung der Franken durch seinen Grafen Ibbas in Gallien, da mehr als 30000 Franken im Kampf erschlagen wurden.

Auch setzte er seinen Waffenträger Thiudis nach dem Tod seines Schwiegersohnes Alarich zum Beschützer seines Enkels Amalarich im spanischen Reich ein.

Dieser Amalarich verlor schon als Jüngling, [531] von der Hinterlist der Franken umstrickt, Reich und Leben.

Nach ihm ergriff sein Vormund Thiudis die Zügel des Reiches, wusch von Spanien die ihm hinterlistig von den Franken zugefügte Schmach ab und beherrschte die Wesegoten, so lange er lebte.

Thiudigisglosa, der nach ihm das Reich bekam, [548] fand nach nicht langer Herrschaft, von den Seinigen ermordet, sein Ende.

[549] Ihm folgte Agil nach, der bis jetzt das Reich inne hat.

Gegen ihn erhob sich Athanagild und brachte die Macht des Römischen Reiches [550] gegen ihn in Bewegung; denn damals wurde der Patrizius Liberius mit einem Heer dorthin geschickt.

Im ganzen Abendland gab es kein Volk, das nicht dem Theodorich, so lange er lebte, in Freundschaft oder in Untertänigkeit gedient hätte.

LIX.

Als er aber im Greisenalter stand und sah, saß er bald von hier scheiden werde, rief er die Grafen [525] und Vornehmen seines Volkes zusammen und setzte den Athalarich, ein kaum zehnjähriges Kind, den Sohn seiner Tochter Amalaswintha, der seinen Vater Eutharich verloren hatte, zum König ein.

Er kündigte ihnen als seinen letzten Willen an, sie sollten ihren König ehren, den Senat und das römische Volk lieben und den Kaiser des Ostreichs immer nächst Gott als gnädigen Freund sich bewahren.

Diesen Befehl beachteten sie, so lange der König Athalarich und seine Mutter lebten, in allen Stücken und lebten fast acht Jahre im Frieden, wiewohl jener den Franken, die von dem jungen König nicht viel erwarteten, ihn vielmehr tief verachteten und die Absicht hatten, ihn zu bekriegen, das, was sein Vater und Großvater von Gallien erobert hatten, zurückgab.

Der übrige Besitz wurde in Ruhe und Frieden gewahrt.

Als Athalarich dem Jünglingsalter näher rückte, vertraute er sich, wie auch seine verwitwete Mutter, dem Herrn des Oströmischen Reiches an; aber bald schied der Unglückliche von frühem Tod erfaßt aus dem Leben.

[534] Da berief seine Mutter, um nicht wegen der Schwäche ihres Geschlechts von den Goten verachtet zu werden, nachdem sie es bei sich überlegt hatte, ihren Vetter Theodahad, der Verwandtschaft halber von Tuszien, wo er für sich am eigenen Herd lebte, an den Hof und erhob ihn auf den Königstuhl.

Er aber vergaß die Blutsbande, die ihn an sie knüpften,

ließ sie nach einiger Zeit aus dem Schloß zu Ravenna fortschleppen und schickte sie auf eine Insel im Bulsinischen See in die Verbannung.

Hier verlebte sie noch einige wenige Tage in Betrübnis, bis sie von Theodahads Schergen im Bad erwürgt wurde.

LX.

Als dies der oströmische Kaiser Justinian vernahm, wurde er davon so heftig ergriffen, als ob der Tod seiner Schutzbefohlenen ihn selbst träfe.

Darum schickte er, da er in derselben Zeit in Afrika [533] über die Wandalen durch seinen getreuen Patrizius Belesar einen glänzenden Sieg errungen hatte, unverzüglich unter demselben Feldherrn sein Heer gegen die Goten, [535] während die Waffen noch vom Wandalenblut troffen.

In seiner höchst weisen Voraussicht glaubte Belesar, daß er das Volk der Goten nur dann unterwerfen könne, wenn er vorher ihre Nährmutter Sizilien besetzt hätte.

So geschah es auch.

Als er die Insel Trinakria betreten hatte, sahen die Goten, die sich im Besitz von Syrakus befanden, daß sie ihm nicht die Spitze bieten konnten, und ergaben sich mit ihrem Anführer Sinderith freiwillig dem Belesar.

Als der römische Feldherr also Siziliens sich bemächtigt hatte, schickte er auf die Nachricht hiervon Theodahad seinen Schwiegersohn Ewermud mit einem Heer an die Meerenge zwischen Kampanien und Sizilien, wo sich aus dem weiten Busen des Tyrrhenischen Meeres das brandende Adriatische Meer abzweigt, um sie zu bewachen.

Nach seiner Ankunft daselbst schlug Ewermud bei der Stadt Regium ein Lager auf.

[536] Alsbald aber, da er sah, daß die Lage der Seinigen eine schlimme sei, ging er mit wenigen getreuen Dienern, die darum wußten, zum Sieger, warf sich freiwillig

dem Belesar zu Füßen und begehrte, dem Kaiser des Römischen Reiches dienstbar zu sein.

Als das Heer der Goten dies erfuhr, rief es, Theodahad sei verdächtig, man müsse ihn vom Thron stürzen und seinen Feldherrn Witiges, der sein Waffenträger gewesen war, zum König erheben.

Das geschah.

Witiges wurde auf den sogenannten Barbarischen Gefilden zum König erhoben, rückte in Rom ein und schickte zuverlässige Männer nach Ravenna voraus mit dem Auftrag, den Theodahad zu töten.

Sie kamen und erfüllten den Befehl; und nach Ermordung des Königs Theodahad kündigte ein Gesandter von Witiges, der sich noch auf den Barbarischen Gefilden befand, dem Volk die Erhebung desselben zum König an.

Inzwischen war das römische Heer über die Meerenge gesetzt und zog nach Kampanien, wo Neapel zerstört wurde, darnach rückte es in Rom ein.

Von hier war wenige Tage vorher Witiges fort nach Ravenna gezogen und hatte sich mit Mateswintha, der Tochter der Amalaswintha und Enkelin des früheren Königs Theodorich, vermählt.

Während er nun sich dem Genuß der neuen Ehe hingab und in Ravenna Hof hielt, verließ das kaiserliche Heer Rom und griff die festen Plätze in beiden Tuszien an.

[536] Als dies Witiges durch Boten erfuhr, schickte er unter Führung Hunilas eine wohlbewaffnete Schar Goten nach Perusia.

Während sie aber hier den Grafen Magnus, der mit einem kleinen Heer drinnen war, durch lange Belagerung bezwingen wollten, wurden sie selbst von einem herbeieilenden römischen Heer bezwungen und völlig vernichtet. [537] Auf diese Kunde scharte Witiges, wütend wie ein Löwe, der Goten ganze Heeresmacht zusammen, verließ Ravenna und bedrängte die römischen Festen mit langwieriger Belagerung.

Aber seine Kühnheit war umsonst; [538] nach vierzehn Monaten ließ er ab von der Belagerung der Stadt und rüstete sich zu einem Angriff auf Ariminum.

Aber auch dies wurde vereitelt; er mußte fliehen und zog sich nach Ravenna zurück.

[540] Als er nun hier belagert wurde, ergab er sich ohne Zögern freiwillig dem Sieger mit seiner Gattin Matheswintha und den königlichen Schätzen.

So besiegte der Kaiser Justinian, der Besieger so mancher Völker, das berühmte Reich, das tapferste Volk, das so lange geherrscht, endlich, nachdem es fast 2030 Jahre gewährt, durch seinen getreuen Konsul Belesar.

Den Witiges, der nach Konstantinopel abgeführt wurde, beschenkte er mit der Würde eines Patrizius.

Hier verweilte derselbe noch über zwei Jahre, sich des Kaisers Gunst erfreuend, und schied dann aus der Welt.

Seine Gemahlin Matheswintha aber verband der Kaiser mit seinem Bruder, dem Patrizius Germanus.

[550] Ihnen wurde nach dem Tod des Vaters ein Sohn geboren, der gleichfalls Germanus heißt.

In diesem hat sich das Geschlecht der Anizier mit dem Stamm der Amaler verbunden und berechtigt noch zu Hoffnungen für beide Geschlechter, wenn der Herr es verleiht.

So war bis auf unsere Zeit der Ursprung der Geten, das adelige Geschlecht der Amaler, das waren die Taten der tapfren Männer. Dieses ruhmvolle Geschlecht wich vor einem ruhmvolleren Fürsten und ergab sich einem tapfereren Feldherrn, dessen Ruhm in allen Jahrhunderten, in allen Zeiten nicht erlöschen wird; nein, immer wird man den siegreichen Triumphator Justinian und seinen Konsul Belesar Wandaliker, Afrikaner, Getiker nennen. Der du dies liest, wisse, daß ich den Schriften der früheren gefolgt bin, daß ich auf ihren weiten Wiesen wenige Blumen gepflückt habe, um daraus dem Forscher nach dem Maße meiner Kräfte einen Kranz zu flechten. Und nicht soll man glauben, daß ich zugunsten des erwähnten Volkes, weil ich von ihm selbst meinen Ursprung ableite, etwas hinzugefügt habe, außer was ich gelesen oder erfahren habe. Aber auch so habe ich nicht alles aufgenommen, was über sie geschrieben oder erzählt wird, da ich nicht sowohl zu ihrem Ruhm als zu dem des Siegers dies darstelle.

Auszüge
aus der Römischen Geschichte
des Jordanis

[367]

Nachdem aber in Italien der König Theodorich gestorben war, folgte ihm gemäß seiner Anordnung sein Enkel Athalarich in der Regierung, der freilich erst ein Knabe von 8 Jahren war; daher führte seine Mutter Amalaswintha für ihn die Regierung. Damals wurden auch die lange behaupteten gallischen Besitzungen den Franken auf ihr Verlangen zurückgegeben.

[368]

Nach dem Tod Athalarichs machte seine Mutter ihren Vetter Theodahad zum Mitregenten, wurde aber nicht lange darnach auf dessen Befehl getötet. Und weil sie sich schon vor längerer Zeit mit ihrem Sohne dem Schutz des Kaisers Justinian unterstellt hatte, schmerzte es diesen, als er von ihrem Tode hörte, und er ließ es nicht straflos hingehen, sondern schickte den gleichen Heerführer, der die Punier niedergeworfen und über die Wandalen triumphiert hatte und noch die Abzeichen seiner Würde trug, an der Spitze verschiedener Völker nach Hesperien.

[369]

Beim ersten Angriff bemächtigte sich dieser Siziliens, wo der gotische Feldherr Sinderith besiegt wurde.

[370]

Von Karthago [wohin er sich zur Beschwichtigung eines Aufstandes begeben] kehrte Belesar nach Sizilien zurück. Hier ergab sich ihm alsbald Ewermud, der Schwiegersohn des Gotenkönigs Theodahad, der ihm mit einem Heer entgegengezogen war, da er das Glück des siegreichen Konsuls sah, aus freien Stücken und forderte ihn auf, Italien zu Hilfe zu kommen, das nach ihm dürste und seiner Ankunft mit Sehnsucht entgegensehe. Belesar rückte also an der Spitze eines Heeres mit Flotte und Reiterscharen heran, schloß Neapel ein, drang nach einer Belagerung von wenigen Tagen nachts durch eine Wasserleitung in die Stadt, machte die Goten, wie auch die aufständischen Römer darin nieder und plünderte sie dann gründlich aus.

[371]

Als Theodahad dies erfuhr, stellte er den Witiges, einen seiner Heerführer, an die Spitze des Heeres und schickte ihn gegen Belesar.

[372]

Kaum war derselbe in Kampanien bis zu den Barbarischen Gefilden gekommen, so wandte sich ihm die Gunst des Heeres zu, weil es gegen Theodahad Verdacht hegte, und er sprach: „Was wollt ihr?“ Worauf jene erwiderten: „Daß der beseitigt werde, der mit dem Untergang und Blut der Goten seine Verbrechen entschuldigen will“. Sie stürmten auf ihn ein und riefen ihn einstimmig zum König aus. Auf den Thron erhoben, wie er selbst gewünscht, schickte er in Übereinstimmung mit den Wünschen des Volkes alsbald einige von seinen Gefährten ab und ließ den Theodahad auf der Rückkehr nach Ravenna töten.

[373]

Darauf befestigte er seine Herrschaft, brach den Feldzug ab, verstieß seine eigene Frau, die aus dem Volk war, und vermählte sich mehr mit Gewalt denn aus Liebe mit der Prinzessin Matheswintha, einer Enkelin Theodorichs. Während er nun seine neue Hochzeit in Ravenna beging, rückte der Konsul Belesar am 9. Dezember in die Stadt Rom ein und wurde von jenem ehemals römischen Volk und Senat, deren Name fast zugleich mit ihrer Tugend zu Grab getragen worden war, aufgenommen. Sogleich besetzte er die festen Punkte der benachbarten Städte und Plätze.

[374]

Beim ersten Zusammenstoß mit den Geten, welche von Hunila geführt wurden, bei der Stadt Perusia schlug er sie, tötete mehr als 7000 und jagte den Rest bis nach Ravenna vor sich her. Beim zweiten traf er auf Witiges selbst, während er die römischen Festen mit Verschanzungen einschloß, zerstörte die Maschinen und Türme, mit welchen jener die Stadt anzugreifen versuchte, mit Feuer und hielt ihn ein Jahr lang, wenngleich von Hungersnot bedrängt, hin.

[375]

Darnach verfolgte er denselben bis nach Ariminum, verjagte ihn auch von dort, schloß ihn in Ravenna ein und nötigte ihn zur Übergabe; und derselbe eine Konsul triumphierte, während er gegen die Geten kämpfte, fast mit demselben Erfolg über die Franken, welche mehr als 200000 Mann stark mit ihrem König Theodepert nach Italien gekommen waren. Aber weil Belesar, hier schon in Anspruch genommen, nicht auch noch mit den Franken anbinden wollte, gab er ihnen Frieden und vertrieb sie, ohne Verlust zu haben, aus Italien. Den König aber und die Königin und die Schätze ihres Palastes nahm er und brachte sie zu dem Kaiser zurück, der ihn geschickt hatte. So unterwarf Justinian in einem kurzen Zeitraum durch seinen getreuen Konsul zwei Könige und zwei Reiche seiner Herrschaft.

[378]

– – Als der Konsul Belesar aus Italien abzog und König und Königin und die Schätze des Palastes zu seinem Kaiser zurückbrachte, da faßten die Goten, die jenseits des Padus in Ligurien standen, neuen Mut zum Krieg, erhoben einen aus ihrer Mitte, Heldebad zu ihrem König und traten feindlich auf.

Obgleich nicht ein, sondern mehrere Heere gegen sie aufgeboten wurden, erwiesen sich die Goten als die stärkeren und blieben fest im Kampf. Kaum nach Jahresfrist aber wurde Heldebad getötet und Erarius trat an seine Stelle.

[379]

Auch dieser wurde vor Ablauf eines Jahres ermordet, und es wurde zum Unglück Italiens der junge Badwila, ein Neffe Heldebads, auf den Thron erhoben. Dieser lieferte unverzüglich bei der Stadt Faventia in der Emilia eine Schlacht und besiegte das römische Heer. nicht lange darnach erfocht er durch seine Unteranführer bei Mucelli, einem Ort im Annonarischen Tuszien, einen glücklichen Erfolg, verjagte die Beamten, gewann das Heer teils durch Geschenke, teils durch Schmeichelreden für sich, durchzog ganz Italien mitsamt Rom, riß die Befestigungen aller Städte nieder und versetzte die Senatoren samt und sonders, nachdem er ihnen alles genommen, nach Zerstörung Roms nach Kampanien.

[380]

Gegen ihn wurde mit wenigen Truppen Belesar aus dem Orient geschickt, der glaubte, das ganze Heer, das er hinterlassen, vollständig wiederzufinden. Daher kehrte er, als er nach seinem Einzug in Ravenna kaum einige wenige Leute fand, mit denen er jenem hätte entgegentreten können, über das Adriatische Meer nach Epirus zurück. Hier stießen zu ihm Johannes und Valerianus. Aber während sich diese in Hader und Zank herumstritten, vollendete Totila, der auch Badwila heißt, in Italien sein feindliches Werk. Belesar, der diese Grausamkeit nicht mitansehen konnte, lichtete mit einer Flotte von Sizilien in Anker, fuhr über das Tyrrhenische Meer in den Hafen von Rom, stieg hier aus und zog nach der Stadt. Da er diese zerstört und verödet fand, schmerzte es ihn und er schickte sich unter Mahnungen an seine Genossen zur Wiederherstellung der großen Stadt an.

[381]

Als der Wall um die Stadt noch nicht ganz fertig war, erfuhr er, daß Totila heranziehe; aber unerschrocken und siegesgewohnt, wie er war, zog er mit wenigen Truppen heraus gegen ihn und schlug ihn derart in die Flucht, daß mehr Leute fliehend im Tiber ertranken als durch das Schwert fielen. Nachdem er sodann sein Heer ermahnt hatte, kehrte er nach Sizilien zurück, um zugleich die Stadt mit Getreide zu versorgen und in der Nähe der Meerenge zu bleiben und von hier aus den Totila zu beunruhigen, der in Kampanien verweilte. Aber wie es so geht, die Lage der Dinge und der Wille der Fürsten sind wandelbar. Da die Augusta Theodora im Herrn entschlief, wurde Belesar von Sizilien nach Konstantinopel abberufen.

[382]

Nach seinem Weggang griff Totilo ungestört mit neuer Wut Rom an, welches ihm die Isaurier überlieferten. Von allen Seiten zog er dann seine Kräfte zusammen und verstärkte sich durch Hilfstruppen, griff Sizilien an und eroberte es.

[383]

Gegen ihn rüstete sich der Patrizius Germanus, dem der Kaiser Matheswintha, die Enkelin des Theodorich, die Witwe des Witiges, zur Ehe gegeben hatte, einen Heereszug zu unternehmen; aber er starb in der Stadt Sardika und hinterließ seine Frau schwanger; diese gebar ihm nach seinem Tode einen Sohn und nannte ihn Germanus. Als Totila von diesem Glücksfall hörte, verwüstete er frohlockend über die Römer fast ganz Italien.

[386]

Das Volk der Langobarden, welches mit den Fürsten der Römer verbündet war, da der Kaiser ihrem König eine Tochter der Schwester Theodahads zur Frau gegeben hatte, lieferte den Feinden der Römer, den Gepiden, an einem Tag eine Schlacht und eroberte ihr ganzes Lager; es fielen auf beiden Seiten mehr als 60000. Und man hat seit den Tagen Attilas von keiner ähnlichen Schlacht in jenen Gegenden gehört in unsern Tagen, ausgenommen jene, welche von dieser von dem Heermeister Kalluk mit den Gepiden oder von Mundo gegen die Goten geschlagen wurde, in welchen beiden die Urheber des Krieges in gleicher Weise den Tod fanden.– –

Anhang

Vergleichstabelle der Kapitelnummern mit der Paragrapheneinteilung der Mommsen'schen Ausgabe.

Kapitel	Paragraphen	Kapitel	Paragraphen
Vorwort	1– 3	XXVI	134–138
I	4– 9	XXVII	139–141
II	10– 15	XXVIII	142–145
III	16– 24	XXIX	146–151
IV	25– 29	XXX	152–158
V	30– 46	XXXI	159–163
VI	47– 48	XXXII	164–166
VII	49– 55	XXXIII	167–175
VIII	56– 57	XXXIV	176–180
IX	58– 60	XXXV	181–183
X	61– 66	XXXVI	184–193
XI	67– 73	XXXVII	194–196
XII	73– 75	XXXVIII	197–201
XIII	76– 78	XXXIX	202–206
XIV	79– 82	XL	207–213
XV	83– 88	XLI	214–218
XVI	89– 93	XLII	219–224
XVII	94–100	XLIII	225–228
XVIII	101–103	XLIV	229–234
XIX	104–106	XLV	235–241
XX	107–109	XLVI	242–243
XXI	110–112	XLVII	244–245
XXII	113–115	XLVIII	246–253
XXIII	116–120	XLIX	254–258
XXIV	121–130	L	259–266
XXV	131–133	LI	267–267